創意
文化空間 ● 商品

陳坤宏　林思玲　　著
董維琇　陳璽任

五南圖書出版公司 印行

推薦序

　　文化創意是已經快被多數人講老的產業，被講到最後就只剩下圖騰，是把文化當成工具的速成創造性行為，也是大家搶計畫最有效的利器，這些創造很多很快的又將變成人間的垃圾。試看設計發展史，美術工藝運動者反對模仿與欺騙之行為，以及主張作品之率直性與簡潔性；新藝術運動者以拋棄歷史式樣和關心機器生產為思想，講求結構和型態及材料和製程之合理性與邏輯性，開啟了今日的設計文明與文化。沒有文明就沒有文化，但是《創意文化空間‧商品》這本書讓我們從更宏觀的角度來看創意文明與文化，讓大家思考更多的議題，具有高度貢獻度與價值。作者請託本人為其寫序，我乃從這本書的新思維寫起。

　　思維一：「創意產業的空間經濟學」。作者一開始即將「創意」二字看作是「動詞」，英文是「to create」，就是要去「創造出」二個東西：一個是「文化空間」，另一個是「文化商品」。「空間」與「商品」的創造，毫無疑問地會將一個都市推向創意城市之林，進而獲取龐大的經濟效益。波士頓、舊金山、京都、巴黎等創意城市，在在證明了人才、科技、包容、創新與創意等，已成為影響現代經濟發展的重要因子，歐洲五個經濟衰退的國家皆是著重觀光產業與文化創意之文化古國。然而，世界重要科技創新聚落，皆發生於文化古城，更證明文化空間是用來生活、互動與創造的，而不是用來看的。

　　思維二：「創意空間——美的外溢綜效」。人的創意活動在都市聚落中所能帶來對於參與者的啟發，提升其對於與自身相關的生活、環境及社群價值的感受與培力，透過藝術所注入的活力，帶來人的轉變及參與，這

將是創意文化空間與城鄉的再生存續的關鍵，社會參與及實踐介入空間，造成藝術群聚、創意文化的平臺，所帶來卻是各種可見與不可見的「美學價值」。創意空間——「美」所產生的外溢綜效（Synergies），同時也可讓讀者重新以「文創經濟鐵三角——科技、創意與文藝」為經，以「商品－文創－經濟」綜效性為緯，思考臺灣的創意未來。

　　思維三：「創意城市的世界遺產精神」。大家知道的，創意生活創造了一個創意城市，而創意城市又驅動了創意經濟。但是，創意經濟如果不是生長於一個具有「場所精神」或「風格社會」的話，那麼，像紐約市這樣風華百年的創意經濟，又怎麼可能發生？所以說，創意地理的世界遺產精神就變得非常關鍵。

　　本人對於這本書的貢獻有所預期與前瞻，並且肯定作者群的用心與努力，投入寫作長達一年之久，表示佩服與欣慰，特此作序，並且推薦給學術界。

國立成功大學
工業設計學系特聘教授
兼規劃與設計學院院長

吳豐光

2018 年 7 月

作者序

　　這本書撰寫的邏輯與結構，一如書名《創意文化空間‧商品》字面上所導引出的方向與思維，然而，在此是把「創意」看作是「動詞」（create），基本上與我們熟知的「三創──創意、創新、創產」中的「創意」是「名詞」，是不同的。作為「動詞」的「創意」，在這裡就要去「創造出」二個面向：一個是「文化空間」，另一個是「文化商品」，它們都是這本書撰寫所涵蓋的範疇。除了第 1 章導論對本書的來龍去脈進行介紹之外，第 2 章「文化創意空間與藝術的社會實踐」與第 4 章「創意文化空間中文化資產場域的功能及應用」，皆是由廣義的空間塑造與介入──包括可見與不可見社群（區）（community）及城市來談文化創意。而第 3 章「創意文化商品設計與開發」則是探討文化創意的內涵如何影響商品的設計。在第 5 章中，作者集結文化創意空間、商品聚集而實踐的場域──文化創意園區為探討的主軸，對其效益及政策進行評估，而成為全書共分為五章的結構。

　　第 1 章分析了環繞在本書主題上有關的背景思維，例如：被討論且行之有年的文化產業、文化創意空間、政策面及創意城市等概念，並且說明本書書寫的方向與架構，賦予讀者對於本書的形成有初步的想像與理解。

　　第 2 章所探討的理論與案例，由社會實踐的角度切入，展現一種對抗功利主義模式的文創思維，著重人的創意活動在城鄉聚落中所能帶來對於參與者的啟發、對於與自身相關的生活、環境及社群價值的自覺與培力，這些結合當代藝術對社會參與及介入空間的實踐，造成藝術群聚與文化創意的平臺，所帶來的雖不全然是「可數的價錢」，但卻是各種可見與不可

見的「價值」，是文化創意空間與城鄉再生存續的關鍵，提供讀者更廣角的文創新思維。

第 3 章則是從商品設計的角度來探討文化創意，期許本章論述能提供給從事相關商品開發的讀者有所參考與助益，強調文化內涵是文化創意商品必不可少的核心，創意是表現的手法，而商品是最後的媒介，一個成功的文化創意產品必須於消費者與文化間建立一道無形的連結，透過連結，讓消費者可以正確地回憶起文化特色，如此便能延續與保存文化。

第 4 章所關注的是文化創意城市中的文化資產場域，提出文化遺產在城市文化政策上是重要的一項資本，並且能藉由更新、修復、回收、再利用，來促進城市的發展，因此，文化遺產在文化創意上的應用，秉持文化資產場域價值的文化創意開發是非常關鍵的原則。本章也介紹了國內外應用文化資產場域相關的有形與無形文化資源所發展的場域再利用經營的案例。

在第 5 章「文化創意經濟與政策方案評估」中，作者主張文創園區開發為當今臺灣各大都市普遍仿效採行的城市規劃手法之一，成為都市再生與文化保存二者連結的有效工具，迄今，已有若干成功案例。惟各個文創園區的開發與建設互有高下，如何進行優劣的評估，乃成為研究的議題。本章提出文化方案評估的架構、方法與準則，以填補國內在此一領域之不足，此外，提供此六個文創園區開發方案評估結果，作為政府文化部門施政者改善之參考。

本書作者的期許是，在本書兼顧學術論述探討、國外及臺灣在地案例的反思，適合研究者、大學生以及一般社會大眾閱讀，得以深入淺出的帶領讀者對於文化創意空間與商品有更進一步的認識。本書的作者群來自都市計畫、藝術、設計、建築與文化資產等跨領域的背景，帶給本書在論述視野上的創新與廣度。作者群中曾執行行政院科技部人文社會科學研究中心 106 年度補助經典研讀班「文化創意經濟與都市」計畫，期間的交流分享給予書寫帶來啟發與思維，特此致謝。作者更大的期許是一個信念：

「寫書的價值在於引導別人讀書，教導同學學習，提升讀書風氣。」寫書讓我們更能體會到「為師者，當如是也」的意義，以此與讀者共勉之。在此誠摯地感謝五南圖書出版股份有限公司副總編輯與編輯小組，為本書的編輯出版付出心血。

陳坤宏
林思玲
董維琇
陳璽任
2018 年 10 月

目錄

Chapter 1
導　論

> 陳坤宏　林思玲

　　本章共分為三節，其中，1.2 節由陳坤宏負責撰寫，而 1.1 節與 1.3 節則由林思玲負責撰寫，共同完成。

1.1　從文化產業到創意文化空間

　　聯合國教科文組織（UNESCO）明白揭示「創意有助於建設開放、包容和多元的社會。」（Creativity contributes to building open, inclusive and pluralistic societies），[1] 創意更是促進人類社會進步的主要驅動力，因此創意成為了 21 世紀最重要的能力之一。關於本書所談的「創意文化空間」，是指空間本身具有文化性，且富含可以提供創意開發的元素。創意文化空間展現在城市的尺度上，就會形塑出「創意城市」（creative city）。要談創意城市之前，必須先理解「文化產業」（cultural industries）與「創意產業」（creative industries）。

　　文化產業的概念在 1940 年代初由著名的法蘭克福學派（Frankfurt School）的成員之一 Theodor W. Adorno 首先使用，當時法蘭克福學派成員是由納粹德國的學者難民組成。從左派的觀點來看，Adorno 批評了企業生產者從上到下的行為控制的「文化產業」，削弱了文化「從群眾中自發產生」（arises spontaneously from masses themselves）的希望（Moore, 2014: 741）。這原是一個帶有批判性的字眼，儘管如此，這樣的批判性討論卻衍生出文化（culture）與產業（industries）的連結性，將文化產品與資本市場連結在一起。爾後「文化產業」出現對於城市發展有正面意義的影響討論，則是於 1980 年代的英國。而「創意產業」一詞最早是出現在 1994 年由澳洲提出創意國家的政策，企圖結合藝術與新媒體科技於文化政策之中。爾後這觀念作法被英國文化媒體、運動部門（Department for Culture, Media and Sport）更廣泛採用而成「創意產業」（David Throsby, 2010: 88）。雖然英國所使用的創意產業一詞，較為強調利用創

意、技術與才能來創造財富與工作機會。然而 David Throsby 認為，英國所匡列的 13 項創意產業，均是從文化現象所詮釋（David Throsby, 2010: 90-91）。

至於臺灣所使用「文化創意產業」（cultural and creative industries）一詞，雖然為臺灣所創造出來的名詞，其定義亦與前文所述文化產業與創意產業有些差異。然而目前在聯合國教科文組織（UNESCO）也有解釋文化創意產業（cultural and creative industries）為：「有組織活動的部門，其主要目的是生產或再生產、促銷、分配和／或商業化與文化、藝術或遺產相關的性質商品、服務、活動（sectors of organised activity whose principal purpose is the production or reproduction, promotion, distribution and/or commercialisation of goods, services and activities of a cultural, artistic or heritage-related nature）。」這種方法不僅強調將人類創造力產品工業化，而且與整個生產鏈有關，並且亦強調把創作帶入大眾生活的每個部門的特別功能。因此，這一定義也包括相關活動，如宣傳品和平面設計，這在此過程中是決定性的因素。[2] 此外，聯合國教科文組織亦提到「文化產業」（cultural industries）是指將創造、生產和在本質上是無形與文化的創意內容商業化結合在一起的行業。內容通常受版權保護，可以採取商品或服務的形式。文化產業一般包括印刷、出版和多媒體、視聽、音像製作和電影製作、工藝和設計。創意產業包括更廣泛的活動，其中包括文化產業加上所有的文化或藝術生產，無論是作為生活還是作為一個生產單位。創意產業是產品或服務包含藝術創造力的重要組成部分，包括建築和廣告等活動。[3] 從以上文獻可以了解文化產業、創意產業與文化創意產業的意義。

在臺灣，文化創意產業的推動政策始於 2002 年，當時行政院將文化創意產業列為「挑戰 2008：國家重點發展計畫」之一。經過數年的推動，在 2010 年頒布實行《文化創意產業發展法》（Law for the Development of the Cultural and Creative Industries）。在《文化創意產業發展法》第

三條指出，本法所稱文化創意產業，指源自創意或文化積累，透過智慧財產之形成及運用，具有創造財富與就業機會之潛力，並促進全民美學素養，使國民生活環境提升之下列產業，包括：(1) 視覺藝術產業；(2) 音樂及表演藝術產業；(3) 文化資產應用及展演設施產業；(4) 工藝產業；(5) 電影產業；(6) 廣播電視產業；(7) 出版產業；(8) 廣告產業；(9) 產品設計產業；(10) 視覺傳達設計產業；(11) 設計品牌時尚產業；(12) 建築設計產業；(13) 數位內容產業；(14) 創意生活產業；(15) 流行音樂及文化內容產業；(16) 其他經中央主管機關指定之產業。此外，在 2015 年所補充的《文化創意產業內容及範圍》，亦提到「一、文化創意產業所提供之產品或服務應呈現透過創意將文化元素加以運用、展現或發揮之特質。」及「二、文化創意產業其既有內容以數位化呈現，或透過其他流通載具傳播，不影響其產業別認定。」[4] 臺灣對於文化創意產業的定義，與創意產業的差異，即是強調文化創意是源自於創意或文化積累，並且透過數位化或流通載具等科技來呈現與傳播。這些與前述聯合國教科文組織對於文化創意產業或文化產業的定義與特徵說明是相同的。

　　由文化產業、創意產業、文化創意產業所延伸出的創意城市（creative city），即是將都市發展延伸到文化經濟與創意經濟的思考面向。創意城市一詞最早出現於 1988 年澳洲墨爾本議會所舉行的一場研討會，此研討會聚焦於如何將藝術與文化融入都市發展規劃（陳瀅世、吳秉聲，2016：171）。David Yencken（1988）認為，儘管城市必須追求效率和公平，但城市也必須致力於培養公民的創造力，並為他們提供可以滿足情感的地方和經驗。創意城市的概念到了 1990 年代開始受到注目，引發了許多討論。Richard Florida（2002）認為，人類社會發展進程已從「農業經濟時代」、「工業經濟時代」、「服務經濟時代」，進入「創意經濟時代」，創意經濟已從 1980 年起快速成長。他將「創意資本」視為「人力資本」的延伸補充，並提出創意城市發展關鍵因素為「3T」，即「科技」（technology）、「人才」（talent）與「包容」（tolerance）。其中，科

技指的是結合創新與高科技後產生的作用；人才是指接受高等教育訓練的人力；包容則是不分種族、族群、職業、生活方式的人均抱持尊重與接納的態度。Florida認為當一座城市的經濟發展是透過聚集創意人才（creative talent）與高科技產業來達成，同時也具備開放多元的生活空間，便可稱之為「創意城市」（Creative City）。Charles Landry（2008）認為，創意時代城市活力的重要來源與城市新經濟的焦點，就是富有創造力的創意經濟活動。

1.2 為何要撰寫《創意文化空間‧商品》這本書

　　這一節談論的是為何要撰寫《創意文化空間‧商品》這本書？要回答這個問題之前，本節筆者陳坤宏先就這本書的書名談起。

為何將本書取名為「創意文化空間‧商品」？

　　當初將本書取名為「創意文化空間‧商品」，乃基於以下兩點理由：

➤ 將「創意」二字看作「動詞」

　　第一個理由是將「創意」二字看作是「動詞」，英文是「to create」。本書把「創意」看作是「動詞」，基本上與我們熟知的「三創——創意、創新、創產」中的「創意」是「名詞」，是不同的。就以《創意文化空間‧商品》這本書為例，作為「動詞」的「創意」，在這裡就要去「創造出」二個東西：一個是「文化空間」（cultural space），另一個是「文化商品」（cultural product），不論是「文化空間」也好，或者是「文化商品」也罷，它們都是本書撰寫所涵蓋的範疇，第 2、4、5 這三章屬於「文化空間」，第 3 章屬於「文化商品」。

● **Guy Julier 的主張觀點**

本節筆者陳坤宏就舉英國里茲都會大學設計學 Guy Julier 教授的主張觀點，來證明本書把「創意」看作是「動詞」的理論基礎與正當性。他在 2008 年撰寫的《*The Culture of Design*》一書中，提出二個重要的主張：

1. 設計文化的領域係由：(1)設計師；(2)生產；(3)消費三者共同構成。

2. 設計、創意、包裝行銷的對象，應該包括：(1)物品（objects）；(2)空間（space）；(3)形象（image, symbol）三個項目。

尤其是 Julier 的第二個主張，更可以說明「創意」是「動詞」的證明，「創意出」或「創造出」三個東西，分別是物品（或稱爲商品）、空間、與形象。

● **陳坤宏建立「創意」、「文化設計」與「消費」之間關聯性的理論架構**

站在 Julier 的主張，陳坤宏進一步發展出一個簡單的理論架構（圖 1.1），用來闡述「創意」、「文化設計」（cultural design）與「消費」之間的關聯性。因爲談到「消費」，當然，本節筆者有必要先就「消費」的相關理論作一整理，如下所列：

Martineau, P.（1958）	「商店印象理論」，商店空間特質與氣氛	空間
Mary Douglas & Baron Isherwood（1979）	消費目的有三：物質幸福、精神幸福、表現誇耀	人文
Daniel Miller（1987）	更積極的「物質文化理論」，消費是一種現代文化社會的構成	社會
Grant McCracken（1988）	「消費即文化」	人文
Jean Baudrillard（1983）	「符號消費」（symbolic consumption）商品帶有「文化」的意味，消費與需求的滿足無關	人文
Mike Featherstone（1991）	「美學消費理論」	藝術
Doreen Massey（1996）	「移民網絡理論」	社會
Henri Lefebvre（1991）	「再現空間」	社會
Edward Soja（1996）	「第三空間」	社會

Frank Mort（1996）	「消費－社區空間成對關聯」理論	空間
陳坤宏（2009）	「生活風格」滿足虛榮心、社會／自我認同、心理的滿足	人文
	「社經屬性、消費型態與商業設施之關聯」	社會
	「文化經濟學」給商店帶來生意	空間

　　接著，本節筆者建立「創意」、「文化設計」與「消費」之間關聯性的理論架構，並以臺南州知事官邸為案例，即如圖 1.1 所示。

　　基於圖 1.1，我們可以了解到，所謂「文化設計」的主題、項目與考量因子應該包括哪些內涵（並以臺南州知事官邸為案例），如此，才有可

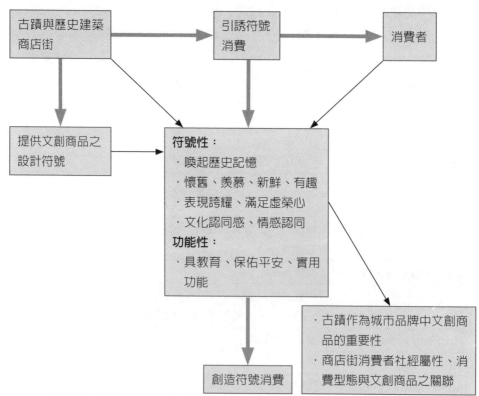

圖 1.1　「創意」、「文化設計」與「消費」之間關聯性的理論架構圖
資料來源：陳坤宏自行繪製。

能去進行「創意／去創造」的步驟。

1. **物品**主題：文化創意商品

項目	考量因子
符號性	‧懷舊、羨慕、新鮮、有趣 ‧表現誇耀、滿足虛榮心 ‧喚起歷史記憶 ‧文化認同感 ‧情感認同 ‧國家／社會認同感
功能性	‧具教育功能 ‧具保佑平安功能 ‧具實用功能

2. **空間**主題：臺南州知事官邸與臺南火車站／北門路商圈

項目	考量因子
環境	‧區位具有良好景觀與視野 ‧區位具有豐富的歷史脈絡 ‧建築物與周邊環境動線及緩衝空間良好，整體感佳 ‧區位足以吸引臺南火車站／北門路商圈的消費者前來
建築形式／美學	‧造型具歐洲風味，充滿貴族氣派 ‧空間感十足，形狀、空間格局、屋頂、迴廊、天花板、地板、隔間、庭院草坪之設計均優良 ‧它的建築形式讓人期待具有陪襯的使用功能 ‧它的建築形式讓人期待具有令人感動的故事及意義
工程技術	‧夜間光影效果及氣氛營造佳 ‧結構與構造足以代表當時建築之力與美 ‧建築材料（紅磚）足以象徵該時代的環境背景 ‧設備系統充分展現當時的高級技術與空間舒適度 ‧古蹟修復的手法與技術符合真實性與現代感

3. 形象主題：

(1)（文創商品）符號消費。

(2)（古蹟建築空間與商圈）歷史記憶、文化意象與消費魅力。

項目	考量因子
歷史性	・文創商品具有歷史性，足以扮演歷史特殊情感延續的角色 ・古蹟建築空間與商圈具有歷史記憶、文化意象與消費魅力
真實性	・文創商品充分反映古蹟建築之真實性 ・修復後的古蹟建築空間充分反映其真實性
新與舊的美學辯證	・文創商品的仿製、聯想與抽象之設計，可以達到新舊美學辯證的目的 ・古蹟建築空間之修復，可以達到新舊美學辯證的目的
創意與創產	・文創商品具有創意，足以吸引生產者投入量產 ・古蹟建築空間與商圈具有消費創意與潛力，足以吸引消費者前來觀光，提高地方文化經濟

本節筆者提出前述圖 1.1 的理論架構，與前人研究之不同有二點：

1. 與過去研究只考量老街的空間主題比較，本理論架構增加考量物品與形象二項主題。

2. 比國外研究增多了消費者（觀光客）的態度反映及其統計分析，也增加了將文化資產景點與城市品牌行銷（city branding）結合之探討，這也是本理論架構的特色。

➤ 突顯本書的創意性

第二個理由是本書的命名，與國內大學現有課程名稱之間雖取名不同，精神內涵卻有關聯，以突顯出本書的創意性，從書名到內容，都能有其創意性。

經筆者查尋過教育部的課程資料以及國內幾間大學文創產業相關科系的課程架構，與本書性質相近的課程名稱如下：

- 創意文化空間
- 創意思考與文化產業
- 文創產業企劃實務
- 歷史空間保存與創意再生
- 文創商品設計開發 (一)、(二)
- 文化經典創意再現
- 文化創意城市
- 商品設計實務
- 商品製造程序
- 文化創意產業
- 文化創意設計
- 創意城鄉

- 創意思考與表現
- 社區營造與地方文化產業
- 創意商品設計
- 城市文化空間
- 文創園區經營
- 文化遺產創意營銷
- 商品設計
- 商品開發與企劃
- 商品形象設計
- 設計方法與創意思考
- 文化商品設計
- 創意城市個案

爲何要撰寫《創意文化空間・商品》這本書？

　　承上一段所說，既然本書把「創意」看作是「動詞」，而且經過將本書取名爲「創意文化空間・商品」的兩點理由之後，現在讀者對於本節筆者爲何要撰寫《創意文化空間・商品》這本書，應該可略知一二了。

　　爲何要撰寫《創意文化空間・商品》這本書，我們將分成下列五個層面來加以闡述。

➤ 忠於核心價值 —— 文化「創意」的四項要素

　1. 現代化科技。
　2. 時尚理念（fashion idea）。
　3. 美學設計（aesthetic design）。
　4. 行銷技術（marketing techniques）。

　　首先，我們先談一下「文創產業」的眞正意義，再來討論如何利用文化「創意」的四項要素，進行創造並設計「創意空間」。

● **「文創產業」的眞正意義**

　　所謂「文化創意產業」的宗旨在於：以「文化」（Culture）爲原料，以「創意」（Creativity）爲核心，將文化內涵轉化爲產品，這就是「再創造」或「創新」的過程，最後創造產值，即是「創產」，以上三步驟稱爲「三創」（圖 1.2）。所以，我們可以知道，所謂「三創」，包括：(1) 創意（Creativity）；(2) 創新（Innovation）；與 (3) 創產（Industry），例如：成功大學三創研究中心、臺灣大學創新設計學院、臺北三創園區、臺中大里文創聚落等。由圖 1.2 可知，眞正的「文創產業」，是要能夠促進經濟與精神的雙重提升才行。

　　從「文化」到「創意」的「再創造」或「創新」的過程，必要依靠四條件：

　　1. 運用現代化科技：數位系、資工系、教育系、工設系、創意產業設計研究所。

　　2. 美學設計：視設系、動畫媒體設計研究所、創意生活設計系。

　　3. 時尚理念：文資系、國文系、英語系、戲劇系、音樂系、文化創意產業學系。

　　4. 行銷技術：經管系。

　　在我國《文化創意產業發展法》明定的 16 項產業內容及範圍的基礎上，本人認爲文創產業具有三種類型：

圖 **1.2**　從「文化」到「文創」的演繹圖

1. 精緻文化類：視覺藝術產業、音樂及表演藝術產業、工藝產業、文化資產應用及展演設施產業。

2. 大眾文化類：現代的大眾文化、當代的大眾文化、流行音樂與演藝、數位內容與遊戲。

3. 設計文化類：空間設計、視覺設計、產品設計。

根據漢寶德（2014）的觀點，真正「文創」的定義，必須是要滿足以下條件：

1. 文創就是文化產業。

2. 加個「創意」，不只是賺錢的點子，還有提高文化內涵的意思。

3. 「文創」是可以提高國民文化水準的文化產業。

4. 「文創」是提升文化的一種手段。

本人非常認同漢寶德的觀點，如此終於可以讓莫衷一是、隨人定義的「文創」，開始有一個比較足以服人的定義。依此一定義，讀者不妨看看以下所列的商品、景點、園區、博物館、美食，是否符合真正「文創」的定義？

◆赤崁樓魁星爺「祈願牌」文具組合　　Yes or No?

◆嘉邑城隍廟「搖錢數」　　　　　　　Yes or No?

◆北門水晶教堂　　　　　　　　　　　Yes or No?

◆布袋高跟鞋教堂　　　　　　　　　　Yes or No?

◆華山文創園區　　　　　　　　　　　Yes or No?

◆奇美博物館　　　　　　　　　　　　Yes or No?

◆安平周氏蝦捲　　　　　　　　　　　Yes or No?

◆安平陳家蚵捲　　　　　　　　　　　Yes or No?

● **如何利用文化「創意」的四項要素，進行創造並設計「創意空間」**

　茲詳述其具體的操作方法如下：

　1.運用現代化科技：例如《INGRESS》、QR code、VR虛擬實境、AR、APP－DEH Narrator、雷射切割、3D列印、360度環景設計、其他。

　2.時尚理念：包括寺廟神明故事（例如藥王神農大帝、金華府、關公、媽祖）、教堂、名人（例如安平金小姐、鹽神、日本裕仁皇太子、兒玉源太郎總督、湯德章律師、孔子、五妃、延平郡王鄭成功、小南城隍廟朱一貴、巴克禮牧師等）、洋行（外貿通商）、海山館（軍事戰鬥）、學校教育文化氣息、官邸貴族氛圍、北門路商業氣息、西門路大億麗緻／新光三越高級精品氣息、赤崁樓／臺南大天后宮／祀典武廟古蹟的古色古香、現代化市場、三郊、五條港、府城做16歲成人禮等。

資料來源：陳坤宏拍攝，2017年。

　3.美學設計：包括文創空間設計、街道家具設計、指標系統、提供步行專用區、交通管理、優閒安全的逛選空間、文創商品設計邏輯4步驟、吉祥物、節慶或表演活動的引入等。

　4.行銷技術－4Ps策略

　(1) Product　　　產品特性

　(2) Price　　　　價格

　(3) Place　　　　通路

　(4) Promotion　促銷

　「行銷技術－4Ps策略」即是我們常說的行銷組合策略之模型，茲分述如下：

(1) 產品策略（Product）

　　· 滿足消費者的①核心利益需求；②多樣化需求。

　　· 產品屬性策略、產品線延伸策略、產品服務策略。

(2) 價格策略（Price）

　　·「市場承受度」原則：過高／過低。

　　·（先）滲透價格、（後）利潤價格。

(3) 地點／通路策略（Place）

　　· 場地規劃。

　　· 客源分布管道：分成①穩固在地客源（散客）；②開發外來客源（團體，甚至國際觀光客）。

(4) 促銷策略（Promotion）：廣告、公開宣傳、公共關係（與政府、社區、企業結盟、公開演講、出版品）、人員銷售、促銷、故事／事件行銷（舉辦大型活動、製造新聞焦點）、網際網路（BBS, E-mail, Facebook, APP, LINE, Twitter...）。

本段所謂「創意空間」（Creative Space），係指具有「文化」、「創意」、「產業」等特性、意義、價值的空間、建築物、區域、環境等，均屬之。

若以臺南府城為範圍，本人初步即可擬定「創意空間」共 5 類型 18 個區域（僅是舉例），包括：

第 1 類型：歷史街區（包含寺廟、教堂），共 5 區

　　新美街區、總趕宮街區、大觀（音亭）興（濟宮）表參道、神農街區、正興街區。

第 2 類型：城門區，共 6 區

　　包括：大東門、小南門、大南門、小西門、兌悅門、大北門。

第 3 類型：市場、官邸、宿舍區，共 4 區

　　包括：西市場、東市場、臺南州知事官邸、藍晒圖。

第 4 類型：安平，共 2 區

　　包括：夕遊出張所 / 歷史水景公園 / 金小姐母女銅像 / 東興洋
　　行、海山派樂地。

第 5 類型：新藝術聚落

　　例如：公園路 321 巷。

➤ 基於美學設計之要求：「文創」（**Cultural Creativity**）與「設計」（**Design**）之關係

● 所謂「文創商品設計邏輯 4 步驟」

Step 1：One-day cultural learning tour

　　　　一日文化學習旅遊

Step 2：Internal Image / External Image

　　　　內在意象 / 外在意象（參考：內在外在意象）

Step 3：Local Identity ➞ Branding

　　　　在地認同 ➞ 產生品牌（參考：主題故事四條件）

Step 4：To create cultural product

　　　　開發文創商品

茲以臺南州知事官邸為案例，述明所謂「文創商品設計邏輯 4 步驟」。

資料來源：陳坤宏拍攝，2011 年。　　　　　　資料來源：陳坤宏拍攝，2011 年。

臺南州知事官邸簡介

1900 年（明治 33 年）峻工，臺南縣知事今井艮一任內最重要的工程，設計者：明田藤吉技手。

採取上流社會「和洋二館」配置方式，包括洋館與和館二棟，和館已毀，目前僅存的是洋館，以本地的手工紅磚組砌而成的西洋式建築，四周有迴廊，高二層樓，為當時臺南市最高又最大的建築物。

1901 年，廢「縣」設「廳」，此時主要功能：總督至臺南巡視之「總督臺南官邸」以及皇族至臺南巡視之「御泊所（行館）」，包括日本閑院宮戴仁親王夫婦（1908.10.25 與 1916.4.21-22）等皇族的行館。

1920 年臺灣總督府實施官制改正，廢臺南廳設臺南州，枝德二任首任臺南州知事，此時改稱「臺南州知事官邸」，仍兼有總督與皇族行館之功能，包括日本東宮太子裕仁與隨行的伏見宮博義王（1923.4.20）等皇族訪問臺南時宿泊的行館，第四任總督兒玉源太郎亦巡視該官邸。

1921 年於官邸二樓東北側增建 17 坪，一樓增建部分作為「御座所」，裕仁皇太子宿泊當天，二樓為御座所、御寢室、御廚等空間，當天裕仁召見臺南功勞者 14 人並賜御菓子，並在此觀賞臺灣人武技表演（宋江陣）等。

臺灣光復後，歷經不同功能使用：鹽務稅警、民防指揮部、多個單位共用、軍公教福利中心。

2010 年 5 月間整修完成，並被指定為臺南市市定古蹟。

2011 年 3-4 月配合臺南文化創意產業園區 100 年度系列活動，在此舉辦「南臺灣文創 DNA」。

2011 年「音樂會館」。

2012 年「官邸西菜館」（現今已停業）。

2015 年再整修後正式開放參觀──**文創商店、1900 Cafe、知識沙龍、彩繪屋。**

時鐘樓：「臺南州知事官邸」沒有鐘樓，且非公共建築。源自第一代官邸立面山牆呈現半圓形，狀似時鐘，臺南人乃稱為「時鐘樓」之故。

棟札（munahuda）：日本建築之習俗，於一片長形木板上，寫上祭祀之神明、工程名稱、上樑年代、業主、設計者、監工等，在儀式完成後，釘於主樑上或家屋中心的屋頂內側。

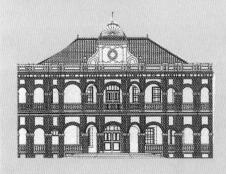
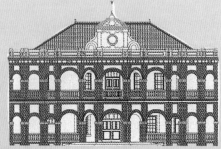

資料來源：Chen and Chang (2010).

- 文創商品設計邏輯 4 步驟之操作過程（引自 Chen and Chang, 2010; Chang, Chen and Huang, 2011, 2012）

  Step 1：One-day cultural learning tour（一日文化學習旅遊）

A case study: One-day cultural learning tour

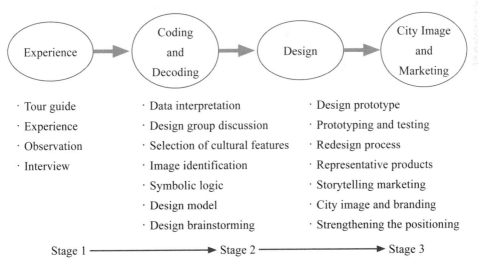

Step 2：Internal Image / External Image（內在意象 / 外在意象）

Symbolization & Visualization

Internal Image
· Local scene and landmarks
· Building style
· Geographical environment

External Image
· Cultural history
· Charismatic aesthetics

Tainan

The Ex-Tainan
State Magistrate
Residence

· Folk festivals & activities
· Living space of the
  Magistrate Residence
· Elegant air of nobility

Action figures of the Song
Jiang Battle Collection

Collection of matching
games Of the Song Jiang

Images of the Song Jiang
Battle accessories

Dong-Cha amulet
for house safety

Clock tower souvenir

Step 3：Local Identity ➞ Branding（地方認同 ➞ 產生品牌）

根據 Okano 與 Samson（2010）的主張，透過「都市策略管理系統」，可以讓一個都市變得偉大，如果一個城市有主題性、故事性的話，那就是一個偉大的城市，否則，就是平凡。同樣的，如果一個都市有文化品牌的話，那就是一個創意城市（creative cities）。他們進一步提出一個城市如何才會有主題性、故事性，那就是必須要具備三個條件：(1) 平衡（balance）：兼顧本土化與國際化；(2) 聰明（smartness）：趕上時代／新世代潮流；以及 (3) 包容（tolerance）：尊重多元族群文化，本節筆者陳坤宏認為可以再增加第 4 個條件：令人感動（touch），例如安平金小姐、猴硐「貓」村。

Image branding process　　　　　　**City branding strategy**

Tainan
(City as a brand)
Select cultural and historical image

Identify image characteristics
as symbolic logic

1. Define comprehensible objectives

2. Focus on the target market

3. Locate the inspirational identity

4. Create city value and highlight city image

5. Strengthen the positioning

Step 4：To create cultural product（開發文創商品）

**Aesthetic-oriented P. &
P. with functions**

As bookmark

· Dong-Cha amulet
　for house safety

The former Tainan State
Magistrate
Residence

· Action figures depicting
　The Song Jiang Battle

As key ring

As clock

· Clock tower souvenir　　　As clock

以上圖片資料來源：Chen and Chang, 2010; Chang, Chen and Huang, 2011, 2012.

➤ **重新以「空間─文創─經濟」綜效性，思考臺灣的創意空間**

● **重新思考臺灣的創意空間**

　　在臺灣，「五大產業園區」與社區總體營造中的「地方文化產業」
早已形塑了「空間與文化產業結合」的思維，除此之外，加工出口區、科

學園區、形象商圈等，也都是經濟發展與空間營造二者結合的經驗，雖然成功，但是，它們傳統的空間營造作法（例如整建硬體設施、租稅減免優惠等），是否可以真正創造出適合文化創意產業的發展條件？在無法回答時，紐約市創意經濟研究報告指出（Center for Urban Future, 2002），在新經濟時代，生活品質與創意工作者人口數，才是企業及公司選擇區位的因素。在所謂的創意經濟的今天，空間營造與經濟發展會是一種互相連動的關係，因此，在臺灣積極推動文化創意產業之際，專業規劃者、決策者、公私部門以及民眾，必須重新以「空間─文創─經濟」綜效性（synergies）為主軸，思考臺灣的創意空間，進而具備這方面的專業能力。這正是前面所說，本書取名為「創意文化空間‧商品」，作為「動詞」的「創意」，就是要去「創造出」二個東西：一個是「文化空間」，另一個是「文化商品」，其道理即是在此。所以，透過本書介紹如何去「創造出」「文化空間」或「創意空間」，乃成為為何要撰寫《創意文化空間‧商品》這本書的第三個理由。

● Richard Florida 的創意空間或創意地理學

眾所周知的，Richard Florida 是當今創意空間或創意地理學的重要研究者，在他所寫的《*The Rise of Creative Class*》一書中，強調創意經濟發達的城市，往往就是具備所謂「3T」──科技（technology）、人才（Talent）與包容（Tolerance）的地區。同時，Florida 又在他的另外一本書《*Cities and the Creative Class*》中，整理出若干創意空間的發展趨勢，簡言之，創意中心的形成與發展，主要是因為創意人才想來這裡居住或工作，而不是那些傳統的因素，而創意人才的移動，是想得到豐富高品質的生活體驗、多元化（diversity）以及受到肯定的認同感。在此，他提出「創意資本理論」的觀點去說明創意空間的發展脈絡，基本論點是──創意人擁有創意資本，對於地區的選擇，能夠帶動地區的經濟成長。而創意人之所以會選擇特定的地方，是因為該地方具有獨特的地方品質（quality of place）──包括環境、人物、事件。「地方品質」概念說明了新經濟

顛覆傳統的都市規劃觀念，不一定要有硬體建設，而是地方的生活品質，紐約、倫敦、柏林等城市所謂「酷文化」，正是它們能夠人才聚集與創意產業蓬勃發展的主要原因。這些創意城市透過「空間—文創—經濟」三者聯合帶動所產生的綜效，其吸引人的魅力就因此發生了。

● **文化創意產業園區的定義、類型與影響力**

1. 文化創意產業園區的定義與類型

誠如上述，本書取名為「創意文化空間‧商品」，作為「動詞」的「創意」，就是要去「創造出」「文化空間」或「創意空間」，因此，此處即談論「文化空間」或「創意空間」。又誠如上述，本書所謂「創意空間」（Creative Space），係指具有「文化」、「創意」、「產業」等特性、意義、價值的空間、建築物、區域、環境等，均屬之。依此定義，「文化空間」或「創意空間」將會涵蓋很多種類型，只是為了符合本書的第 2、4、5 三章所指涉的空間，此處暫且以「文化創意產業園區」（cultural and creative industry park）為代表，來闡述其時代性、影響力，以及它所展現出來的「空間—文創—經濟」綜效性。

Hilary Anne Frost-Kumpf（1998）認為「文化園區」（cultural park）指的是一個在都市中，具備完善組織、明確標示、提供綜合使用的地區，它可提供夜間活動，讓地區更具有吸引力；提供藝術活動與藝術組織所需的條件，給居民與遊客經驗相關的藝術活動；提供當地藝術家更多就業或居住的機會，讓藝術與社區發展更緊密結合。Hilary Anne Frost-Kumpf 進一步在《*Cultural Districts: The Arts as a Strategy for Revitalizing Our Cities*》一書中，指出藝術在都市發展所能夠發揮的作用，包括：美化與活化城市、提供就業、吸引居民與觀光客、提高房地產價值、擴大稅基、吸引高教育程度的工作者、建立創意的與革新的環境等。當今世界主要的大都市如紐約、洛杉磯、倫敦、巴黎、東京等都積極利用文化產業從事都市建設，並大量輸出其特有的城市文化產品，維持全球城市的地位與競爭優勢。

　　Walter Santagata（2010）根據功能將「文化產業園區」分為四種類型：
(1) 產業型；(2) 機構型；(3) 博物館型；以及 (4) 都市型。

　　(1) 產業型。這種類型的文化園區主要是以建築外形、地方文化、藝術與工藝傳統為基礎而建立的。此類園區的獨特之處在於其「工作室效應」和「創意產品的差異」。本書第 2 章討論到的土溝農村美術館、新富町文化市場，以及第 5 章討論到的臺南市六個文化創意產業園區，均屬之。

　　(2) 機構型。這種類型的文化園區主要是以產權轉讓與象徵價值為基礎而建立。其基本特徵是有正規機構，並將產權和商標分配給受限制的生產地區。本書第 4 章討論到的臺灣公有文化資產場域空間經營權，舉例說明的創意空間均屬之。

　　(3) 博物館型。這種類型的文化園區主要是圍繞博物館網絡而建立，位於具有悠久歷史的城市市區。其本身的密度足夠吸引觀光客。本書第 4 章討論到的文化資產場域經營創意開發策略，舉例說明的創意空間均屬之。

　　(4) 都市型。這種類型的文化園區主要是以資訊、表演藝術、休閒產業與電子商務為基礎而建立。透過使用藝術和文化服務，賦予社區新生命以吸引市民，抵抗工業經濟的衰落，並且為城市塑造新的形象。本書第 5 章討論到的臺南市六個文化創意產業園區均屬之。

　　雖然有些學者對於「文化創意產業園區」的定義略有不同，不過，在我看來，「文化創意產業園區」指的是在特定的地理空間裡，能夠將一個城市的文化藝術、創意與科技活動設施集中在該地理範圍內，而形成一種文化生產與消費的結合，甚至是更多項功能（例如文藝活動、創意工作、休閒、居住、經濟、商業等）的結合，最後能夠發揮「空間—文創—經濟」三者關聯的綜效性。或許我如此的定義，會是比較具有時代性。

2. 文化創意產業園區的影響力

　　「文化創意產業園區」作為發展文化產業的載體，其影響力已逐步提

升。當今世界，文化創意產業已不再僅僅是一個理念，而是擁有巨大的經濟效益。根據聯合國教科文組織統計，1998 年全球有關文化創意產品方面的國際貿易額已經占了當年全球總商品貿易量的 7.16%。全世界創意經濟每天創造 220 億美元，並以 5% 的速度在增加。在一些國家，增長速度更快，美國達到 14%，英國為 12%（樊盛春、王偉年，2008）。英國是全球最早提出「創意產業」的國家，1997 年英國將文化創意產業列為國家重要產業，並以重點政策支持。近年來，英國整體經濟增長 70%，而創意產業增長 93%，顯示了英國經濟已從製造型邁向創意服務型的轉變（楊敏芝，2009）。美國的好萊塢電影特區、英國的謝菲爾德文化產業園區、加拿大的 BC 動畫產業園區，均聞名於世。美國的好萊塢電影特區在國際電影市場的占有率高達 85%，倫敦西區的劇院數占倫敦劇院總數的 40% 以上。從美國與英國的數據表現，已可證明「文化創意產業園區」的影響力了，而且在未來還會持續的攀升，所以，我們應該要了解到，「文化創意產業園區」的確是有助於建立一個城市的形象，進而提升一個國家或一個城市的文化軟實力。

很明顯的，美國與英國的「文化創意產業園區」的傑出表現，充分證明其時代性、影響力，以及它所展現出來的「空間—文創—經濟」三者互動產生的綜效，同時堅定指出了這是一條正確且有效的途徑，值得其他國家或都市借鏡，當然也值得臺灣學習。而且 Walter Santagata 所界定「文化產業園區」的四種類型：(1) 產業型；(2) 機構型；(3) 博物館型；以及 (4) 都市型，本書的第 2、4、5 三章所指涉的空間均被涵蓋在內，因此，本節筆者非常期待本書的各章節能夠藉由檢視理論概念與創意空間實際發展，重新以「空間—文創—經濟」綜效性的概念為主軸，思考臺灣創意空間的未來，達到這本書取名為「創意文化空間‧商品」的真正目的，同時讓讀者有所獲得。

➤ 重新以「商品—文創—經濟」綜效性，思考臺灣的創意空間

誠如前面所說，本書取名爲「創意文化空間·商品」，作爲「動詞」的「創意」，就是要去「創造出」二個東西：一個是「文化空間」，另一個是「文化商品」，其道理即是在此。所以，透過本書介紹如何去「創造出」「文化商品」，乃成爲爲何要撰寫《創意文化空間·商品》這本書的第四個理由。

● 以「文創經濟鐵三角 ── 科技、創意與文藝」爲經，以「商品—文創—經濟」綜效性爲緯

本節筆者陳坤宏撰寫本書第 5 章時，開宗明義就主張：論及文化創意經濟政策方案的評估，所謂 (1) 科技；(2) 創意；與 (3) 文藝（Culture & Art），乃成爲必要的「文創經濟鐵三角」，成爲評估架構中不可或缺的目標、甚至準則。與撰寫本書第三個理由相同的，我們必須重新以「商品—文創—經濟」綜效性爲主軸，思考臺灣的創意空間。一言以蔽之，本人將以「文創經濟鐵三角 ── 科技、創意與文藝」爲經，以「商品—文創—經濟」三者互動產生的綜效性爲緯，共同探索創意空間中的文創商品。

● 首先談到以「文創經濟鐵三角 ── 科技、創意與文藝」爲經

1970 年代起，人們並不滿足於親人性設計，轉而追求產品的趣味性，而興起了所謂的趣味造形。1990 年代，科技快速發展，變成多樣少量的生產，消費者的求新求變，促使設計師追求個性化的新奇造形。進入到 21 世紀數位科技的世界，以「人性」（humanity）爲本的設計更加重要，注重情感或情意的設計成爲設計的主流，即所謂感性造形。有鑒於此，林榮泰（2005）就主張：未來的設計師需要把設計思考的內涵，從過去以科技爲中心的技術領域，轉換成以人文與文化爲中心的感性心境，把使用者的情感加入產品設計，形成使用者與產品之間的互動。他進一步指出，從科技產品轉換爲文化產品開發的模式，過去的「設計、市場與製

造」三者是架構在科技背景下，而現在的「設計師、使用者、製造商」三者是架構在文化背景上，其差別是後者多了「人性」的考量。因此，科技產品與文化產品的轉化關鍵是文化因素。

那麼，如何設計文化產品呢？林榮泰（2005）根據簡單的文化空間架構，把產品設計時所須考慮的設計因素，區分為文化產品的三個設計屬性：(1) 外在或外形層次，包括色彩、質感、造形、表面紋飾、線條、細節處理、構件組成等屬性；(2) 中間或行為層次，涵蓋功能、操作性、使用便利、安全性、結合關係等屬性；(3) 內在或心理層次，包含產品有特殊含意、產品是有故事性的、產品是有感情的、產品具有文化特質等。舉「幸福甜甜圈」為例來加以說明科技的人性加值。「幸福甜甜圈」是一個記錄家庭歡樂的視訊產品，主要的創意是以大家熟悉的甜甜圈作為設計造形的基礎，導入尖端的資訊科技，再把人們企求「幸福」的人性，「甜甜」蜜蜜地「圈」起來，這也是這個作品想要訴求的重點——加入人性的科技。平凡的造形結合科技，外圈是硬體設備藏身的地方，中空的內圈變成了顯示幕，就因為把「人性」注入「科技」而活了起來，也成為家中擺設的裝飾品。

未來的產品設計將會呈現什麼樣的面貌呢？可以預見的，設計師、企業與學院派都將面臨「經濟全球化」的衝擊，因此，如何結合文化發揮設計創意以及營造特色，以面對「全球化」的挑戰，將是未來臺灣開發文化創意商品設計的首要課題。另外，綜觀近年來國內外文化創意經濟的發展與變遷，我認為，科技加上創意，再加上文藝觀點，正是文化創意經濟能夠成功的不變通則，也將會是人類社會追求的普世面貌。蘋果公司創始人賈伯斯（Steven Paul Jobs）主張高科技導入美學與簡約之設計理念，終於引領全球風潮，進而大大地改變了人類生活，只要科技先鋒加上文創的感受，必定能夠獲取廣大的應用科技市場。這或許也將會是未來的產品設計呈現的面貌。

　　這正是此處本節筆者提出以「文創經濟鐵三角──科技、創意與文藝」為經的道理所在，也期待在本書的第 3 章中，能夠看到精彩且有趣的結果。

● 其次談到以「商品─文創─經濟」綜效性為緯

　　陳潔瑩（2012）首先提出「國際觀與文化觀」，作為文創商品設計如何在「經濟全球化、生活地球村」的衝擊下，一致化的國際風格與缺乏地區性的文化特色應該如何去適度調整，很重要的一個論述基礎。在二戰之後出現的「國際主義」設計風格（International Style）帶動下，全世界的產品設計都呈現高度理性化、極簡約的造形風格，正好符合國際性生產公司行銷至世界經濟圈的需要。然而，到了 1970 年代以後，設計師與消費者逐漸接受「後現代主義」設計風格，運用了各種的歷史裝飾符號以及傳統的文化脈絡，融合到現代產品設計之中，以裝飾手法滿足消費者視覺上的美學愉悅。事實上，相信大家普遍都會認為，「後現代主義」（Post-modernism）設計觀所強調的「文化符號的產品設計」，將成為當代西方設計多元化思潮的一種必然趨勢，同時也會帶動其他國家或地區進行轉變。就舉臺灣為例，2007 年臺北故宮與義大利 ALESSI 公司合作發表「當東方故宮遇上西方 ALESSI」，該公司的設計師為故宮全新創作「The Chin Family─清宮系列」，以乾隆皇帝年輕畫像為靈感，設計出一系列充滿清朝貴族王室與中國符碼意喻的文創商品，一時造成時尚風潮，為故宮賺取了極大的經濟收入。由此看來，「The Chin Family─清宮系列」的產品具備了「文化」、「創意」與「經濟」三項要求，完全滿足了以「商品─文創─經濟」綜效性為緯的設計宗旨，因此，它可說是一個成功的案例。

　　林榮泰等人（2009）也針對「國際觀與文化觀」提出主張，認為近年來消費者開始喜愛個性化、差異化、能夠表現文化特色的產品，進而藉以尋求文化認同，例如日本風、德國風、義大利風、北歐風、中國風、南洋風等，這也正說明在全球化下產品設計「同中求異」的趨勢。從各國歷

史來看，其實產品設計的「國際觀與文化觀」始終是交錯出現，並非在時間點上是那麼截然區隔的。

　　陳璽任（2018）是本書第 3 章的撰寫人，在以「商品－文創－經濟」綜效性為緯此一議題上，也有相當精闢的觀點。他說何謂「文化創意產品」？可以拆成「文化」、「創意」、「產品」三部分來看，當此三者彼此關聯，核心交集即是文化創意產品。另外，他亦主張，在人類對於「產品」的認知三個層次中，本能層次與反思層次對文化創意產品來說更為重要，而非行為層次，原因在於，文化創意產品主要目的並非提升使用性或效率，而是透過產品來呈現、標記、喚醒文化的特色與記憶。產品作為文化的載體，是消費者的記憶與文化之間的橋梁。最後，陳璽任認為，在文化創意產品的開發上，應該對本能層次與反思層次有更深入的著墨。所以，相信讀者都會期待在本書第 3 章中能夠看到精彩的論述。

➤ 服膺於以「文化設計」為核心價值的「創意空間」與「創意商品」

　　前文林榮泰、陳潔瑩、陳璽任等三人提出「文化導向設計」的觀念，我深表贊同，所以，所謂以「文化設計」為核心價值的「創意空間」與「創意商品」，應該是必須要被當今設計師與消費者所共同服膺的一種設計風格或信仰。在前文，我即提出「創意」、「文化設計」與「消費」之間關聯性的理論架構（見圖 1.1），就已經清楚地表明了我所堅定支持的論點。記得漢寶德教授過去曾經說過：「唯有能夠提升國民的文化水準的創意，才是真正的文創。」最後，我就以嘉邑城隍廟搖錢數與老北京兔兒爺兩個文創商品，作為這一節的收尾。因為它們在商品的包裝上透過文字介紹，告訴消費者有關嘉邑城隍廟財神爺與老北京兔兒爺的文化典故與歷史脈絡，所以說「有文化」，它們的產品設計又能夠表現出文化特色、個性化與在地性，所以說「有創意」。總之，這二件文創商品，既「有文化」又「有創意」，文化與創意兼具，當然可以成為優秀的「文化創意產品」。

嘉邑城隍廟搖錢數
資料來源：陳坤宏拍攝，2015 年。

老北京兔兒爺
資料來源：陳坤宏拍攝，2016 年。

兔爺是老北京的吉祥物，也是老北京城的保护神，传说兔爷能赐给人们平安和吉祥。从明代时起，老北京人就有自家请兔爷、给亲朋送兔爷的习俗，请兔爷就是请平安，送兔爷就是送福送吉祥。

相传在很久以前，京城地区爆发一场瘟疫，很多人染上瘟疫，恐惧、绝望的气氛笼罩着整个京城。

嫦娥月亮广寒宫的捣药臼旁百姓的苦难，心中不忍，派玉兔下凡为百姓祛病除灾。

玉兔下界后，担心百姓认请自己的白色装份，时而婀娜象姑娘，时而耍象小伙。长途跋涉为百姓治病，忙中出错，双耳外翘。为更快治愈所有病人，玉兔时而骑虎或鹿，时而骑狮子神像的战袍与铠甲穿上，闪时，

百姓望见月亮上姮娥捣药的玉兔不见了，大家终于明白这个兔圆人身的郎中乃是姮娥派下来的玉兔。

玉兔回宫后，百姓感激也，尊称他为「兔儿爷」。

京城百姓都要设供拜月供奉兔儿节。

供奉其为祛灾除药之神。每逢中秋、春节，

1.3 本書的結構

　　本書分為五章，第 1 章「導論」、第 2 章「文化創意空間與藝術的社會實踐」、第 3 章「創意文化商品設計與開發」、第 4 章「創意文化空間中文化資產場域的功能及應用」、第 5 章「文化創意經濟與政策方案評估」。

　　在第 2 章「文化創意空間與藝術的社會實踐」中，作者董維琇主張近年來當代藝術的社會實踐反映了公眾參與及公民意識抬頭的潮流，藝術家渴望與公眾面對面，這個創造性的新公眾空間，其中蘊含了各種可能性，帶來革命性的力量，也為文化創意空間挹注了新活力。此章將對於藝術的社會實踐結合文化創意空間與城鄉的再生案例作介紹與反思，在這些案例中，展現了一種對抗功利主義模式的文創思維，著重的是人的創意活動在都市聚落中所能帶來對於參與者的啟發，提升其對於與自身相關的生活、環境及社群價值的感受與培力，透過藝術所注入的活力，帶來人的轉變及參與，這將是文化創意空間與城鄉的再生存續之關鍵。社會參與及實踐介入空間，造成藝術群聚、文化創意的平臺，所帶來的雖不是「可勝數的價錢」，但卻可以是各種可見與不可見的「價值」，這些藝術家的社會實踐使我們看見文化創意空間如何改變人的觀念、成為城市改變的催化劑，以及改變城鄉人文地景的力量。

　　在第 3 章「創意文化商品設計與開發」中，作者陳璽任提到「文化創意商品」所包含的領域極其廣泛，在日常生活中隨處可見，舉凡廣告、印刷、電視與廣播、電影、工藝……等等，商品設計亦在其中扮演重要角色。此章節將從商品設計的角度來探討文化創意。首先從產品設計的歷史發展談起，可以看出著名設計風格一方面承接歷史，同時也根據不同時期的主張創造了新風格，進而演化出新的文化。在另一方面，從追求裝飾的

美術工藝運動、新藝術運動開始，講求機能、製造、理性思考的現代主義的包浩斯，到最後強調文化、個人特色的孟菲斯團體，這一系列的設計發展可以看出心理感受在產品設計上扮演愈來愈重要的角色，當然美感與功能也不能被忽略。在第二節中，論述聚焦在「文化」、「創意」、「商品」三者之間的關聯，並強調文化內涵是文化創意商品必不可少的核心，創意是表現的手法，而商品是最後的媒介，一個成功的文化創意產品必須於消費者與文化間建立一道無形的連結，透過連結，讓消費者可以正確地回憶起文化特色，如此便能延續與保存文化。在第三個小節中，將介紹「人物誌」以及「使用者旅程地圖」兩項實用且操作簡易的設計方法，以人物誌來了解設計對象並找出需求，而使用者旅程地圖則可以延伸設計的範圍並從商品使用過程當中找到切入點。期望透過以上論述能提供給從事相關商品開發的讀者有所參考與助益。

在第 4 章「創意文化空間中文化資產場域的功能及應用」中，作者林思玲提到在文化經濟與創意城市的相關理論與發展之中，缺少不了文化遺產這個重要的元素。文化遺產是文化的產物，在文化遺產中所發生的經濟現象或者文化創意，成為文化經濟與創意城市的一環。文化遺產在城市文化政策上是重要的一項資本，並且能藉由更新、修復、回收、再利用來促進城市的發展。文化遺產所衍生相關的服務或商品，對於城市發展的創意產業或文化產業是具有經濟貢獻的價值。再者，文化遺產為創意產業進駐的主要場所，也因此創意城市需要大量保存文化遺產，以作為生產的基地。作者進一步說明目前聯合國教科文組織（UNESCO）與「國際紀念物與歷史場所委員會」（ICOMOS）均認同文化遺產保存為促進可持續性城市發展重要的指標並且列為政策目標。在以上理論與國際背景之下，作者提出了文化資產場域的創意經營規劃，她認為文化遺產在文化創意上的應用，秉持文化資產場域價值的文化創意開發是非常重要的原則。她具體說明文化資產場域的文化創意，可以從文化資產場域相關的有形文化資源與無形文化資源之中去開發。在文中她也介紹了幾個國內外應用文化資產

場域相關的有形文化資源與無形文化資源所發展的場域再利用經營案例。

　　在第 5 章「文化創意經濟與政策方案評估」中，作者陳坤宏主張文創園區開發爲當今臺灣各大都市普遍仿效採行的城市規劃手法之一，成爲都市再生與文化保存二者連結的有效工具，迄今，已有若干成功案例。惟各個文創園區的開發與建設互有高下，如何進行優劣的評估，乃成爲研究的議題。雖然，Thomas A. Hutton 並未具體提出文化方案評估的架構、方法與準則，不過，他卻透過不同國家／都市的文化計畫之評估案例的介紹，隱約表達對於方案評估的見解，讀者亦可從中認識到方案評估的架構、方法與準則。作者主張，欲評估文化創意園區的開發成效，可以從文化創意園區在都市中被賦予的預期成效加以檢視，因此，評估文化創意園區開發成效的面向即應該包含：(1) 創意；(2) 產業；(3) 資本；(4) 市場；(5) 地區；以及 (6) 環境等六個面向，方屬完整。因此，此章欲藉由專家學者的豐富學養與實務經驗，針對臺南市現有的六個文創園區的開發方案與成效進行優劣的評估。研究方法採用分析階層程序法（簡稱 AHP），針對產業、政府、學術界專家學者進行專家問卷調查，以及邀請熟悉臺南市文創園區發展的人士進行目標評分。最後，期待獲得臺南市六個文創園區開發方案評估優劣比序之結果。主要目的有二點：一是提出文化方案評估的架構、方法與準則，以塡補國內在此一領域之不足；二是提供此六個文創園區開發方案評估結果給行政院文化部與臺南市政府文化局，作爲施政改善之參考。

註釋

1. 詳閱聯合國教科文組織網頁
   https://en.unesco.org/themes/protecting-our-heritage-and-fostering-creativity（瀏覽日期：2018 年 4 月 20 日）。
2. 詳閱聯合國教科文組織網頁
   https://www.unesco.org/new/en/santiago/culture/creative-industries/（瀏覽日期：2018 年 4 月 20 日）。
3. 詳閱歐洲地區創意產業網頁
   http://europaregina.eu/creative-industries/（瀏覽日期：2018 年 4 月 20 日）。
4. 詳閱文化部文化創意產業內容與範圍
   https://www.moc.gov.tw/information_311_20450.html（瀏覽日期：2018年4月22日）。

參考文獻

中文部分

林榮泰（2005）。科技與人性的結合——文化創意，**科學發展，396**：68-75。

林榮泰等合著（2009）。**設計典藏：創意產業的文化想像**。臺北：文瀾資訊。

陳潔瑩（2012）。工藝產業與產品設計產業，收錄於周德禎、賀瑞麟、葉晉嘉、蔡玲瓏、林思玲、陳潔瑩、劉立敏、李欣蓉、施百俊（2012），**文化創意產業——理論與實務**，第 8 章。臺北：五南。

陳澄世、吳秉聲（2016）。都市創意性，收錄於陳坤宏、林育諄、陳建元、涂函君、周士雄、陳澄世、吳秉聲、蘇淑娟（2016），**都市理論新思維：勞動分工、創意經濟與都會空間**，第 5 章。臺北：巨流。

楊敏芝（2009）。**創意空間：文化創意產業園區的理論與實踐**。臺北：五南。

漢寶德（2014）。**文化與文創**。臺北：聯經。

樊盛春、王偉年（2008）。文化產業園區理論問題探討，**企業經濟，10**：9-11。

英文部分

Center for Urban Future (2002). *The Creative Engine: How Arts & Culture is Fueling Eco-*

nomic Growth in New York City Neighborhoods, NY.

Chang Tsen-Yao, Chen Kung-Hung and Huang Kuo-Li (2011). *Developing Cultural Products to Promote Local Culture: A Marketing Design for The Former Tainan State Magistrate Residence*, DesignEd Asia Conference 2011－Education into Industry: Collaboration, Transition, Mutation，香港：香港理工大學設計學院 Convention&Exhibition Centre.（Chen Kung-Hung：通訊作者）

Chang Tsen-Yao, Chen Kung-Hung and Huang Kuo-Li (2012). *Shaping a case in cultural product design for city marketing: product storytelling for the former Tainan State Magistrate*, 2012 Design Research Society (DRS) Biennial International Conference，泰國曼谷：Chulalongkorn University.（Chen Kung-Hung：通訊作者）

Chen Kung-Hung and Chang Tsen-Yao (2010). Re-imaging the Ex-Tainan State Magistrate Residence as a Creative City by Cultural and Heritage Branding in Taiwan. *Journal of International City Planning, 1,* 685-699.（國際期刊）

Florida, R. (2002). *The Rise of the Creative Class: And How It's Transforming Work, Leisure, Community and Everyday Life.* New York: Basic Books.

Florida, R. (2003). Cities and the Creative Class. *City and Community, 2*(1): March.

Guy Julier, G. (2008). *The Culture of Design.* London: Sage.

Hilary Anne Frost-Kumpf (1998). *Cultural Districts: The Arts as a Strategy for Revitalizing Our Cities.* New York: Americans for the Arts.

Landry, C. (2008). *The Creative City: A Toolkit for Urban Innovators* [2nd Edition]. London: Earthscan Publications Ltd.

Moore, I. (2014). Cultural and Creative Industries concept - a historical perspective. *Procedia - Social and Behavioral Sciences, 110,* 738-746. New York: Elsevier.

Okano, H. and Samson, D. (2010). Cultural urban branding and creative cities: A theoretical framework for promoting creativity in the public spaces. *Cities, 27,* S10-S1.

Santagata, W. (2010). *The Culture Factory: Creativity and the Production of Culture.* London: Springer Verlag.

Throsby D. (2010). *The Economics of Cultural Policy.* Cambridge: Cambridge Press.

Yencken, D. (1988). The creative city. *Meanjin, 47*(4) (Summer 1988). Melbourne: Meanjin Company Ltd.

Chapter 2

文化創意空間與藝術的社會實踐

> 董維琇

2.1 文化創意空間結合藝術活動的趨勢及危機

　　自 1960 年代以來，當代藝術領域的創作實踐，從美術館內的展演空間，逐漸走出美術館的圍牆，藝術家的活動渴望與社群公眾面對面，而其創作的內涵也是與地方及公眾切身相關的議題有關，不再是僅侷限於美學形式的探討與展覽品的呈現，創作的過程與結果往往是指向議題的探討、人與人關係的連結，試圖喚起觀者的反思甚至帶來改變的力量，也因此在過程中會邀請社群與觀眾參與其中，合作完成創作，與觀眾的對話成爲創作的一部分，也影響著創作的最終結果。這一類型藝術取向與創作實踐的發展趨勢，強調藝術對公眾及社會互動的思維，例如：1994 年美國藝術家 Suzanne Lacy 提出了「新類型公共藝術」（New Genre Public Art），開啓了藝術專業者更多想像（Lacy, 1994），其他與此社會性轉向的藝術相關的專有名詞自 1990 年代以來不斷被提出並普遍的被討論，包括：對話性藝術（dialogical art）（Kester, 2004）、關係美學（relational aesthetics）（Bourriaud, 2002）、藝術介入（artistic intervention）、公民藝術（civic art）、社群藝術（community art, community-based art practice）、社會參與性藝術（socially engaged art）（Bishop, 2012; Helguera, 2011）等。

　　前述的這一連串與社會參與性藝術相關的概念形成了一個超越了傳統美術館的白色方塊（white cube）裡的視野，更加關注的是對藝術創造的過程性（process）的探討，當下的議題與情境、公眾性成爲新媒材，圍繞其中的是許多關於創作與論述之間的微妙對應，包括：藝術的介入如何反映社群生活、帶來個人與社群的改變、如何挑戰時代下的政治與特定社會文化議題、民主化的歷程與藝術之間的對話、多元的觀眾合作與參與、藝術家的角色扮演與責任等問題，同時也帶來了承襲這樣的思考脈絡下藝術的策展、評論及創作之間關係的探討。這個超越了傳統美術館的白色方

塊裡的視野不僅具有場所的流動性，也開放了藝術的疆界，在材質上與觀念上將過去被視為非藝術的領域也涵納進來，擴大了藝術創作實踐所觸及範疇（董維琇，2013）。

　　觀察這些藝術的社會實踐的思考，帶來了以藝術活動的實踐作為一種增進城鄉空間發展、帶動城鄉產業的契機也在世界各國行之有年。提出「創意城市」（creative city）概念的 Charles Landry（2000）和「創意階級」（creative class）的 Richard Florida（2003）在著作中都提及藝術與文化在城市發展中所扮演的重要角色。Landry 認為，都市問題陷入困境，往往需要勇於冒險、大膽創新的藝術文化創造才得以解決危機；而 Florida 則認為，一個現代化都市要有持續的活力，創意人才是其中關鍵的指標，人才也會隨著都市發展所帶來的藝術及文化活動而遷移或匯聚。由此可知，藝術及文化創意的注入對城鄉的發展具有不可或缺的重要性，許多當代藝術家將城鄉空間、生活、環境與社群當作是他創作的素材，尋求對話及公眾的參與，而城鄉空間也尋求藝術的浸潤，帶來各種改變與再生的可能。

　　在藝術進入社群（community）與城鄉聚落的變革過程中，除了帶來在地文化的省思、集體自我的認同與改變的力量，往往當藝術家進入到不同的社群中，他們需要親自去走訪特定的地點，與其他人見面討論，或以活動的方式來呈現其創作；過程中或許還會經歷一些天災人禍的考驗，然而，一些藝術家還是得以克服那些原本意想不到的困難而創造出品質極佳的作品。透過這樣的方式，有許多藝術家的作品反映了地方特色產業的背景或地方風土與人物、歷史故事等，他們不僅說明也表現了藝術家在社區的創作實踐及民眾參與的價值，以及藝術活動在一個地區的世代交替過程中所扮演的重要地位。往往藝術家的作品及活動也結合當地的產業，帶來新的創意與價值。

　　在以藝術活動作為社會實踐的過程中，帶來許多文化創意空間的結合與開發並成為另一種趨勢，在近年來成為不同屬性社群的興趣，不管是主

動性的尋求藝術帶來產業創意與價值的提升，或由藝術家尋求進入社群生活，自然而然去關心與當地文化相關的產業，並融入其創作中，藝術作為一種社會實踐並帶來文化創意產業，普遍受到認同。值得注意的是，在這個趨勢中，雖然許多藝術家參與在當中，但是他們也尋求觀眾或參與者的認同，甚至共同合作，帶來改變的動能。藝術家所扮演的角色，與其說是創作者，不如說他們是啟發人心與帶來改變的觸媒，藝術創作者的光環也不是由藝術家一人所獨享的，而是參與在任何都會城鄉社群的改造計畫中的所有民眾，這也就好比是一個帶來城鄉實質改變，但又改變人心思想的希望創造工程。

　　例如：德國藝術家波依斯（Joseph Beuys, 1921-1986）始終認為，創造力並不是藝術家的專利，藝術並不只是藝術家的作品，而是一切人的生命力、創造力、想像力的產物，在此意義上，波依斯宣稱「人人都是藝術家」，他並且強調「創造力＝資產」（曾曬淑，1999）。如果社會上的每一個人在一個相同的目標與基礎上都被賦予機會去提出一些新的觀念與想像力，那麼就會帶來一個社會的轉變與重塑，波伊斯稱此為「社會雕塑」（social sculpture）（Mesch and Michely, 2007）。他的社會雕塑理論不僅喚起了關於藝術家與社會之互動關係的理念，更提出了另一種藝術生產的模式。他所認為的社會雕塑中，藝術創作是一個以人為主體，從個人生命經驗的轉化擴及到社會群體認知的塑造、改造的層面，都是藝術家的創作產生的成果。

　　若是一味將藝術產業化、商業化卻忽略藝術文化的深耕及對人的感知之啟發所可能帶來的危機卻是需要省思的。Claire Bishop 在討論與社會協作實踐的藝術（participatory art practice）有關的創意與文化政策時提到：**「透過關於創意的論述，孤高偉岸的藝術活動被民主化了，然而現在這個論述導向商業，而不是波伊斯。」**（Bishop, 2012: 16）倘若藝術與觀眾的溝通被商業世界據為己有，大量的生產與複製只有扼殺了藝術的想像與創意。另一方面，許多原本破落的地區，若因為藝術的「活化」而帶來復

甦，隨之而來的是政府資金或開發商的快速重建，驅趕了原本在地的藝術家社群與住民，進而導致的仕紳化（gentrification）現象，以及缺乏社群治理（community governance）與對話的過程，並不能保存與培養在地文化。這是目前藝術的社會實踐與文化創意產業相結合所可能面臨的問題與困境。

　　例如：剝皮寮或寶藏巖等歷史空間經過改造後，從歷史建築、老兵眷村變為中產階級所喜愛的「文化襲產」（cultural heritage），到最後所有空間通通變成藝術村、博物館或文創基地等消費場所的模式（王志弘，2012：31-70）。原本修建、保存歷史建物是立意良好，但是，在臺灣，有計畫性的將廢墟修好了，馬上轉手拱讓給以營利為核心價值的廠商，改成與建物歷史關聯性非常脆弱的咖啡廳、紀念品店，這樣的例子也屢見不鮮。有鑒於此，藝術的社會實踐若是走向與文創產業結合的途徑，有些地方早已為藝文界人士所詬病，只有產業的考量但失去了文化的深度與靈魂，是否最後能夠保有藝術的自主性而不致過於導向商業取向，是目前許多正在進行的計畫所不容忽視的。

　　本章將對於藝術的社會實踐結合文化創意空間與城鄉的再生之案例作介紹與反思，在這些案例中，展現了一種對抗功利主義模式的文創思維，著重的是人的創意活動在都市聚落中所能帶來對於參與者的啟發，提升其對於與自身相關的生活、環境及社群價值的感受與培力（empowerment），也歸結出在文化創意空間與地方中，「人」才是空間的主體，透過藝術所注入的活力，帶來人的轉變及參與，這將是文化創意空間與城鄉的再生存續的關鍵。本章所書寫這些藝術家或團體的藝術實踐不僅是跨領域的，其形式是以新類型公共藝術、環境藝術、社群藝術、藝術家進駐計畫等各種可能的方式來進行，觀念上運用社會雕塑、社會參與性藝術或是對話性藝術的途徑（approach），過程透過社群的合作參與以及內部的對話，帶來在地的自然與人文環境、社會文化脈絡以及集體記憶的自我醒覺（self-awareness）的力量，形成社群意識，這些計畫的實踐歷程、結果

與效應（effect）往往是超越藝術創作的領域，也更進一步的帶來由在地發出的永續發展。這些深入社群的計畫不僅喚起人對環境的關懷、在地文化與生活品質的省思，在全球化與晚近資本主義掛帥的時代裡，其所喚起的社群價值（community value）對於人與人、人與環境關係的和諧具有活化的力量。

2.2 藝術的社會實踐於社群發展及文化創意空間

在臺灣，自 1990 年代以來，因應解嚴以後本土化（localization）意識的抬頭，臺灣當代藝術的主體性與文化認同議題成為對藝術家最大的衝擊，當藝術家作品尋求與在地群眾與文化的接觸更直接時，藝術展演的場域也不再侷限於美術館的白色方塊（white cube）裡，許多社會場域、歷史建築、閒置空間甚至是日常生活的現場，成為藝術家趨之若鶩的藝術創作與展演空間。當藝術家回歸自我的文化界域與認同，自然對地方文化脈絡與人文景觀可以激發出豐沛的創作能量無法視而不見，不管是正面的全面擁抱、歡慶或是反面的批判與質疑，都是對臺灣藝術文化的重新再建構的重要歷程（董維琇，2015）。

自 2006 年起，文建會（現在的文化部）頒布實行「公共空間藝術再造補助計畫」納入文化政策中開始受到重視，其中也隱含了對藝術活動得以活化老舊的閒置空間，並為世代交替之際的蕭條社區注入活力的期待。到 2008 年改為「藝術介入公共空間補助計畫」，促成藝術家與社區合作，以藝術作為平臺，共同與社區居民一起進行社區空間的改造與提升。然而，90 年代後期以來，在各個地區性藝術村與藝術家進駐計畫（artist-in-residence schemes）的發展過程中，藝術家如何進入社群的問題時而引起爭議，使得一些藝術家醒覺到：以獲取創作工作室及贊助的制式的藝術村與藝術家進駐計畫的考量，事實上有所限制，亦非其創作的本質；當藝

術家的創作在接觸社群或特定地區，試圖挑戰社會參與性藝術實踐的觀念時，逐漸體認到唯有當藝術家的創作與社群的關係互爲主體時（陳泓易，2007：106-155），才得以更加深藝術家與其進入的社群的關係。當藝術的感染力進入了日常生活的街道中，在此過程中普羅大眾自覺的或不自覺的成爲藝術家作品的一部分，甚至一起加入藝術家的行列，帶來改變的力量。自2014年起文化部「藝術浸潤空間補助計畫」，[1] 其公告內容提出：

> 將藝術美感融入公共生活空間，使藝術文化於民眾生活中生根，鼓勵藝術家與民間團體在公共空間中從事藝術活動與藝術作品設置，藉以啓發地方美學意識……以藝術為媒介進行美感環境營造，經由藝術團隊與在地居民溝通合作，改善現有公共空間，美化整體視覺景觀或提升公共設施美感，塑造具有在地意義的美感環境……藝術媒介可包含但不限於下列領域：影像、聲音、文字、網路、繪畫、雕塑、裝置、新媒體、表演、教育劇場等，永久性或暫時性設置均可。執行地點以縣市鄉鎮之大區域公共空間為主。（文化部官方網站，2014）

這一系列文化政策的發展，都可以看出對於「藝術與公共空間的營造」方向上的思考，但是近期則是修改字面上具有的某些霸權的政治意味。「介入」一詞，因其語意中隱含救贖之企圖而無形中顯得強勢，變成一種象徵暴力（陳泓易，2007；廖新田，2010），故改以「藝術浸潤空間」來支持藝術家以創意來構思，邀請民眾合作的方式，共同打造與經營公共空間，藉以啓發地方美學意識。

對臺灣而言的一個重要的事實是：臺灣自1960年代起，數十年來經歷了經濟奇蹟與快速的都會化，以及面對社會、政治的變遷，而當經濟發展迅速就容易會對自然景觀帶來衝擊。機械大量製造固然曾經對於由農村社會轉型到都會化社會的發展有所幫助，但對於自然環境與各種生態系統

也容易造成可預期的破壞。環境保護與經濟發展考量的衝突向來是當前全世界面臨的現象，特別是對於那些需要以城鄉的再生（regeneration）計畫，來提升受到前面提到的這種環境保護與經濟的發展兩難困境衝擊的地區而言，什麼樣的政策可以去處理這樣的衝突與危機相形之下更加重要；然而，政府與有關單位也並不一定總是能夠找到最好的解決之道。儘管如此，許多在這些地區的居民們在能夠理解到可以透過自身的社區參與來改善社區，得以有一個更好的未來前景與環境品質，甚至是社區發展的自主權之前，往往會需要協助；在社區的未來還無法決定的時候，藝術的社會實踐通常也在那些敏感的地區與爭議的政策制定的狀況下，能夠成為面對問題時的一種挑戰、提問與省思的方式。

因此，藝術家如何透過藝術來參與這些充滿爭議的社會文化議題，與特定地方社群日常生活（everyday life）的脈絡？在臺灣文化的背景下，這些本質上往往是對話性與帶有教育意味的社會參與性的藝術、協作藝術如何能成就社區再生的過程與結果？基於這些問題，接下來要探討的兩個案例，都是近年來在臺灣受到許多討論與關注的藝術實踐與合作社群的案例：新北市竹圍地區的「樹梅坑溪環境藝術行動」與臺南市後壁區土溝社區的「土溝農村美術館」。在這些計畫中，藝術家不是被視為是推動社區再造與改變的「工具」（instrument），藝術家與觀眾（包括在地民眾與訪客）共享了創作的作者權（co-authorship），理想上，這些計畫對於所有的參與者都應該是受惠其中的，但是最重要的問題是：如何使這些計畫在當地得以永續？筆者接下來也將對於這兩個案例所帶來的影響，與對當地在環境相關議題上得以啟發在地民眾的力量提出一些觀察與探討。

2.3　藝術與文化創意喚起社群自覺

樹梅坑溪環境藝術行動

　　「樹梅坑溪環境藝術行動」最早是在 2011 年由藝術家、行動主義者吳瑪悧策展，在竹圍地區的藝術家及建築師社群的支持與合作下開始發展的。吳瑪悧的創作自 1980 年代以來多是對特定社會文化議題的批判，例如白色恐怖、女性議題與觀點（例如主流觀點下被遺忘的成衣工廠女工、家庭主婦等）、二二八事件等，也從事翻譯、出版、教學及寫作論述的工作，2000 年以來其作品表現出對於環境相關議題、社群的介入之關注。吳瑪悧在 2006 年到 2007 年受到嘉義縣政府文化局所委託策劃的「北回歸線環境藝術行動」是其首次嘗試的「環境藝術行動」──透過藝術家進駐計畫來介入社群，對其後來所發展的「樹梅坑溪環境藝術行動」而言也可以說是一個延續性的創作與思考。吳瑪悧帶著當代藝術家進入嘉義這個傳統產業之鄉，在這個人口嚴重外移的地區，藝術家們以農民與老人為主要對象，連續兩年的行動使得這個藝術行動不只是藝術家進入社區以及概念上的流動，其後也成為藝術的社會實踐，社區民眾成為行動參與者，而不是僅作為被介入的對象（廖億美，2008：178）。這個為期兩年的計畫，在藝術與非藝術專業的領域裡受到關注與持續的報導，甚至後來影響了公部門在文化政策制定上的考量，因此「北回歸線環境藝術行動」的協同策展人陳泓易認為，2008 年政府開始推動「臺灣生活美學運動」當中主軸計畫之一的「藝術介入空間」，是因為觀察到如「北回歸線環境藝術行動」這樣的計畫被藝術圈認可的趨勢。[2]

　　由於吳瑪悧本身在新北市淡水的竹圍地區居住多年，早已是當地的居民，對於居住環境附近河流的汙染以及水源品質的惡化有深刻的觀察，這

也引起她想要來喚起社區對於這個議題的重視。因為一條河流的狀況可以反映出都市更新及當地的生活品質，而這也正是作為淡水河支流的樹梅坑溪所面臨的景況，因為樹梅坑溪被參與行動的人們所書寫、觀察並感受在其中，成了檢視都市生活最好的象徵與隱喻。尤其在全球暖化的挑戰下，在樹梅坑溪展開環境藝術行動，也是為了透過溪水與行動的參與幫助人們反思竹圍未來應有的發展與轉化，對於人們所期待的生態城市轉型，期待能夠建立竹圍成為一個結合生態與創意的微型宜居城市（竹圍工作室，2012：23-24）。反之，如果人們接受河川汙染的現況、對於一個汙染的支流沒有危機意識，也忘記了這個溪流與附近地區在近年來尚未過度開發與快速都會化之前，她過去原有的樣貌，他們對於自己所居住的地區周遭自然環境可能會沒有醒覺，對於未來可以共享一個更美好的生活環境也就無法產生共識與願景。

有鑒於此，樹梅坑溪計畫的名稱為《以水連結破碎的土地：樹梅坑溪環境藝術行動》，吳瑪悧在策展理念中提出：

> 受到文化行動及新類型公共藝術的啟發，《樹梅坑溪環境藝術行動》秉持透過藝術形塑公共／公眾的概念，以環境為課題，透過跨領域的合作實驗，探討地方因為不當發展而逐漸失去特色，環境及生活品質逐漸下降時，如何透過藝術學習和行動實踐，轉換思考，一起勾勒一個理想生活系統／藍圖。這個生活系統是符合土地倫理的，是與我們日常生活連結的，也是作為未來推動、改造我們生活地景的「新類型地景藝術」的藍圖。這個新類型地景藝術是修復性生態藝術的實踐，有別於過往環境藝術僅作為反思、觀想的操作，希望在環境美學上，與專業者、與居民共同建立一個創意合作，引發對於周遭生活環境更加關注，並因此對於臺灣更多在失落的地方生活的人們，以及藝術工作者有所啟發。（竹圍工作室，2012：26）

　　事實上，就環境藝術與地景藝術的發想來創造藝術或作為藝術所觀照的面相而言，早在 1994 年到 1997 年間在淡水河岸就曾經舉辦過一系列的環境藝術節，也是在臺灣第一次以場外藝術（off-site art）[3] 的形式來探討環境的議題（Lu, 2010: 16-17）。然而這些展覽的設計是為了使觀眾看見作品並且得以思考環境議題，在作品的創作過程中並沒有觀眾參與的機會；1990 年代，在臺灣，多數的環境藝術、地景藝術與公共藝術作品的常態也幾乎是如此。許多政府所補助或發起的戶外藝術展覽或藝術節往往都是在活動結束之後便戛然停止，儘管這些展覽的立意良好，然而，這些計畫並不像我們所討論的「樹梅坑溪環境藝術行動」或是本文接下來會討論到的「土溝農村美術館計畫」一樣，許多當地的居民與觀眾只有在展覽與活動的有限期間內可以感受到環境藝術的氛圍（王慧如，2016：162）。因此，對於環境的永續經營、居民環境意識醒覺與行動，在 1990 年代早期這些環境藝術的作品裡顯得鞭長莫及。相對而言，就如吳瑪悧的策展理念所言，「樹梅坑溪環境藝術行動」提出「新類型地景藝術」的概念，並且在過程中引發專業者與居民的共同創作與參與，對於周遭生活環境美學更加關注，因此，對於臺灣更多在環境失衡的地方生活的人們及藝術工作者也可以有所啟發。

　　為了能使居民及專業者參與在計畫中，「樹梅坑溪環境藝術行動」透過活動的方式開啟了一連串的問題，邀請在地居民一起來省思他們的生活與河流之間的關係。這些活動包括了五個子計畫：「樹梅坑溪早餐會」、「村落的形狀—流動的博物館」、「在地綠生活—植物有染」、「食物劇場—社區劇場行動」、「社區劇場行動—我校門前有條溪」。在這一系列的活動中，藝術潛入了常民生活，藝術家與社區居民、與環境締結一種對話性的關係。吳瑪悧所帶領的「樹梅坑溪早餐會」就是一個參與性、對話性藝術很典型的例子，是由為期一段時間，每個月所舉辦的早餐會，邀請並聚集了所有的參與者一起共進早餐，煮食與品嚐在地農民所栽種的季節性蔬果，因為有了對食物的共同興趣，民眾得以坐下來一起吃早餐與討

論，也包括了在地的農民，這樣的過程有助於增加參與者的環境意識與對周圍環境認識有所提升。活動地點沿著樹梅坑溪，一方面讓居民重新認識樹梅坑溪，一方面也介紹當季食材，活動的舉辦亦可讓藝術家與居民之間分享生活經驗。吳瑪悧提到，他們與老居民之間的互動，能了解到過去樹梅坑溪的情況，而不知道有這條溪的新居民，也可以透過活動打開視野（莊偉慈，2011：230-233）。

對話空間的開放，讓藝術家與社區居民可以互為主體，誠如 Kester（2004）的論述，藝術家能以自身所受的訓練、美學與創作經驗介入空間，感受到這個社區居民的生活經驗與環境；而居民則可能挑戰藝術家預先的觀感與經驗，也挑戰藝術家的身分。對話空間的開放，讓藝術家與居民可彼此刺激，帶動藝術計畫進行，甚至可以產生改變的力量。

「樹梅坑溪環境藝術行動」在 2011 年開始執行，但其實在這之前策展人吳瑪悧與其合作的團隊包括竹圍工作室與淡江大學建築系等，已經開始意識到竹圍附近的生態環境議題，[4] 應如何透過藝術參與的方式，帶來對話的契機，使問題可以突顯出來，人們因此可以去看見並持續參與及關注環境議題。

「樹梅坑溪環境藝術行動」在 2013 年獲得台新藝術獎，對計畫團隊而言具有相當的鼓舞與宣傳的效果，由於這個當代藝術的獎項一直以來受到藝術工作者的重視，因此「樹梅坑溪環境藝術行動」在計畫執行兩年多以來已經帶動了臺灣藝術領域的討論與關注，引領藝術專業者對於藝術的社會參與、實踐的認同，也可以說是對樹梅坑溪在地以外的「藝術家社群」有所影響，造成話題與趨勢。因此，2015 年在臺灣頗具影響力的《藝術家》雜誌創刊四十年的展覽特別指出：2005-2014 年臺灣藝術的新興潮流是社會參與性藝術（高雄市立美術館，2015）。儘管如此，筆者認為更重要的是，「樹梅坑溪環境藝術行動」某種程度地顯現了藝術可以如何地影響一個社群（區）生活有更美好的轉變，並且能夠因為人對於環境美學議題的醒覺，去思考水汙染等問題，進而發展出對於環境的永續、生態

平衡有自發性持續關懷的力量。計畫本身也突顯了像臺北市這樣一個大都會鄰近地區的生態發展健康的重要性，更可作爲對於日趨嚴重的環境問題之回應。

　　由於參與性或社會性議題的作品常常引起作品的有效性（effective-ness）的批評聲浪，吳瑪悧在這樣的問題上的回應是：**「我想做的就是『如何透過藝術讓那些議題被突顯出來』？我們沒有能力解決問題，但是我們有辦法讓那些問題突顯。」**（引自吳牧青，2013：169）。以「樹梅坑溪環境藝術行動」的有效性來看，應該是在計畫與環境的永續發展上，更勝於那些由政府公部門在 2000 年以來舉辦的臺北公共藝術節或是 1990 年代的環境藝術節，這些先前的案例，都是受限於隨著活動或展覽時間的結束，便很難持續對該議題或地區有持續的影響。比較特別的是，樹梅坑溪計畫參與的專業者與藝術家們很多本身即是以淡水與竹圍一帶爲其生活圈，也算是當地住民的一分子，這也是即便計畫自 2010 年籌劃，2011 年開始執行到 2012 年結束，爲期兩年多的時間結束後，很多地方自發性的活動和與計畫有關的刊物得以繼續其動力。

　　筆者認爲，「樹梅坑溪環境藝術行動」透過與觀眾的互動與參與者的對話，帶來永續性的啓發與社會實踐的可能，這樣的計畫在本質上是關係性、對話性與具有參與性的，在這樣的思考維度上就好比波伊斯的「社會雕塑」對於公眾的啓發以及思考上的重新塑造，也是一種公民意識的喚起，它喚起的是人們對於環境議題的醒覺，並且邀請眾人有創意的重新塑造永續與美好的未來生活。

土溝村農村美術館

　　與樹梅坑溪計畫同樣都是結合在地居民與不同的專業者，試圖去喚起地方對環境美學的關懷意識的另一個案例，是位於臺灣南部臺南後壁的「土溝農村美術館」。土溝農村美術館於 2012 年成立，但實際上，早

在 2002 年，當地的居民就成立了「土溝農村文化營造協會」，開始以自力營造社區環境爲主要方向，並且思索著如何使凋零中農村得以再生的可能。土溝村在過去很長一段時間一直被視爲是一個以種植稻米爲主要產業的農村，就如同許多邁入後農業社會的國家一樣，因爲都會的擴張，提供較多工商業就業機會，使得農村經歷嚴重人口外移，再加上過去在農業傳統社會需求的人力也多數被機械所取代，對於逐漸衰退的農村更是雪上加霜，農村面臨年輕世代的流失出走，很難避免凋零與式微的危機。

　　2002 年在「土溝農村文化營造協會」成立同時間，臨近的臺南藝術大學建築研究所的師生受到協會邀請與「土溝農村文化營造協會」一起合作、對話及實踐社區環境的改造，其後南藝大的研究生（簡稱南藝大團隊）主動爭取更多與社區合作的機會，因此展開一段南藝大與土溝村合作的經驗。最開始的時候南藝大團隊只是單純的幫助社區農民修繕、美化社區荒廢、凌亂的空間。例如：改建廢棄的豬舍成爲社區的交誼空間──鄉情客廳（圖 2.1），重要的是，這些空間不僅只是具有實用性的用途，也

圖 2.1　「豬舍空間藝術改造行動」是南藝大團隊的土溝藝術與生活空間改造的起點之一，圖爲豬舍舊空間改造後之「鄉情客廳」。

（攝影：董維琇）

同時保留了社區的集體記憶，因為這個記憶空間的使用，使過去的歷史得以活在現今的生活中，對於加強社區自我形象與認同產生重要的影響。這個合作與對話的歷程，不免帶來藝術家與社區的衝突、對話與磨合，以及社區與藝術家在每次計畫地提出時所擁有的自發性與自主性（autonomy）的協商（曾旭正，2013：23）。

最早促成參與土溝村計畫的南藝大團隊的導師與當時擔任建築藝術研究所所長的曾旭正認為，土溝村原本只是一個怯於對外人介紹自己的典型農村，2012 年得以凝聚共識，成立「土溝農村美術館」，不儘在這樣的過程中本身受到了啟發，在一番摸索之後重新看見社區的價值，也讓外界得以發現農村之美。對於土溝農村所創造出來與藝術家合作的模式，與其經驗對其他社區所提供的參考價值而言，曾旭正指出：

> 土溝農村美術館是花了十年時間籌劃的，這十年可以貢獻於臺灣社會的乃是我們從中看到藝術與社區互動的可能路徑。社區營造的幹部不曾失去自發性與自主性，能看待藝術行動只是社區營造諸多主題之一。……階段性的成果讓他們對於如何與藝術家合作具有更堅定的信心，同時也培養出自己的藝術家（除了新住民外，還有被激發出興趣的阿嬤們），展開新的藝術互動。（曾旭正，2013：23）

自 2002 年土溝村在藝術家進入在地之後，其最後的結果是在往後的十年之中在土溝逐漸形成「藝術家社群」（artists' community），包括外來藝術工作者、部分本地的青年與對於藝術開始產生興趣的老農民，其中有許多原是 2002 年以來參與土溝村社區營造的南藝大團隊，也就是後來畢業後陸續留在土溝村的年輕建築師、藝術工作者與設計師等，包括了後來成立「土溝農村美術館」的核心成員，這個藝術家社群也有一些是村子裡受到土溝農村藝術活動介入影響而由外地返鄉創業的本地青年。

　　關於土溝村藝術家社群彼此間的互動模式以及與社區的對話，在筆者2013年及2016年、2017年多次田野調查與訪談中，[5] 可以看見南藝大團隊在多年與在地居民的溝通與互動下產生的默契，有些主要成員也成為在地住民。因為原本凋零的農村產生世代斷層的危機，農村未來發展與再生極需要新世代的投入，因此較為年輕一輩的藝術家社群，在逐漸融入在地生活後也吸引了部分本地及外地的青年來此創業，彼此之間培養出互相扶持與陪伴的策略共識。洪儀真在〈村即是美術館，美術館即是村：臺南土溝農村美術館的敘事分析〉一文中分析土溝農村的社群融合，認為：

　　　　就社會關係的變遷而言，我們可以觀察到社會界線（social boundaries）在土溝村的流動與變化……相異社群的融合，是土溝經驗的特色之一。在十年營造的過程中融合成一個新的社群，他們曾經是知識分子與農民的區別，精緻藝術與常民藝術的區別，亦包含城鄉差距、不同年齡世代的隔閡與分野。然而，因著藝術與生活在此地的交融，以及強互惠的社群治理模式，加上共同耕耘的時間達到一定長度以上，終能逐步建立起集體意識與認同。（洪儀真，2013：32-33）

　　在土溝村的藝術家社群參與在農村再造的發展邁向第一個十年後，這個藝術家社群包括建築師、藝術家、設計師與其他專業者逐漸將土溝農村社區帶到一個重生的境地，它所發展的計畫是介於環境藝術、公共藝術、藝術教育、社群藝術之間，而當然社區民眾的參與是整體而言計畫得以成功的關鍵。許多的老農民被鼓勵去重新改造農舍與他們自己的空間，也慢慢被灌輸鄉村生活的美感意識，看見自己的社區價值，過程也為在地居民帶來許多與藝術家合作與教育的體驗。在地居民在塑造土溝村成為一個以生態教育與藝術活動為主軸的場域扮演著重要的角色。2012年「土溝農村美術館」的開幕帶來了展演、藝術家進駐計畫與工作坊；藝術家與設計

師、當地學校藝術教師、建築師等的合作，使這個曾經因為人口與傳統農業的凋零而瀕臨衰亡的村落吸引了訪客與更多年輕世代。

重要的是，土溝村計畫的目的並不只是想要喚回與保存過去的集體記憶，它也帶來了對於臺灣文化資產而言不容忽視的一種別具特色的農村生活風格的重新發現。因為藝術領域與文化創意產業參與在農村再造當中，也使得外來的訪客與當地民眾得以從一個完全不同的角度來看待土溝村：農民以不同眼光看見的是一個不同於他們過去習以為常的村子，而年輕世代則是得以探索幾乎被遺忘的農村故事的各種充滿潛在力量的真實性。

在一篇探討臺灣新農運動的文章〈有情有義的溫度：與「農」交往的藝術〉中，學者蔡晏霖提出對與「農」交往的藝術現象之觀察：

> 近年來，臺灣社運已成為各種創意與藝術媒介呈現的舞臺。尤其在以「土地正義」為訴求的農運現場，藝與農的結合更開啓了全新運動美學的視覺語言。……土地的書寫與農民圖像共同型構了臺灣當代社會的集體農意識……當代的藝文與美學產業已經成為傳統農業部門有力地轉譯與社會化的媒介，我們正見證著一場熱鬧發生中的「農藝復興」（agrarian renaissance）（蔡晏霖，2015：83-84）。

這個農藝復興代表的不止是農業，而是結合了對人、生活與自然永續的一種態度。無獨有偶的，土溝村在這一波農藝復興的現象中其實也正呼應了這股「集體農意識」的召喚。除了喚回與保存過去的集體記憶，永續經營一直以來是「土溝農村美術館」成功的一個同等重要的關鍵因素，將藝術帶進土溝村並且透過與「土溝農村文化營造協會」的長期合作關係已獲致長足的發展，這樣的合作關係衍生出來的是包括：生態旅遊、藝術展演、藝術教育、帶有當地元素的創意產品設計，以及農產品行銷，也經過很細心的規劃以確保「土溝農村美術館」得以有成功的永續經營。就「土

溝農村美術館」這個無牆美術館而言，其深受社群藝術、參與性藝術創作與新類型公共藝術的思潮，與 90 年代在臺灣開始的社區營造運動所影響，帶有一種由下而上發展的概念，其經濟上的自給自足與永續性、不需求政府的介入與支持也是整個計畫得已成功的原因之一。

　　樹梅坑溪與土溝農村計畫是典型的將藝術的社會實踐與生活環境融合的案例，這樣的藝術實踐往往是跨領域的，不僅超越了一般認知裡藝術的範疇、重新定義了藝術的範疇與定義，他們創造且培養出更多的關係，刺激對話，帶來教育與合作的機會，而不是對社區提供專業的指導。社區的賦權應該比政府的政策更被優先考量，因為民眾對於什麼是參與方式裡重要的面向可以是具有強烈意識的，他們或許希望可以適切的負起責任，參與在和他們自己的社區及周圍環境有關的決定當中，藝術進入社群的過程當中，仰賴民眾的自覺與責任感而非政府經費與政策，可說是建造一個更好社區環境的關鍵。

2.4　集體記憶與創意共生的社群治理

　　相形之下，位於南臺灣的臺南後壁區的「土溝農村美術館」與「樹梅坑溪環境藝術行動」較為不同，其所關注的是藝術家社群介入農村、自我認同與草根文化的再興這樣的議題。過往歷史與傳統農業價值因為新思維與創意得以復興起來，吸引了訪客與年輕世代願意在土溝村居住下來。土溝村的藝術介入所仰仗的是本土文化而非市場經濟導向的當代藝術，另一部分則是無牆的生活歷史博物館（living history museum）的概念，使其得以帶動在地民眾與外來者、喚起對南臺灣農業社會歷史的再發現。其他較為實用性的元素也被運用了，例如生態旅遊（ecotourism），但是在「土溝農村美術館」總是期許能夠保有一種平衡的方式。土溝農村社群融合的故事，其潛力在於消弭了藝術與生活的界線，其研究也可與日常生活

美學的研究作更深刻的結合（洪儀眞，2013：33）。土溝農村在透過結合藝術、本土文化與自然環境的計畫下帶來了農村的更新——由集體記憶與創意共同造成的再生。

　　此外，近年來，透過各種不同領域的藝術家以空間經營或團隊進駐老舊的都會城市街區，促進閒置空間的活化與爲老化的社群注入新的活力與價值，帶來社群自我形象的提升、社群集體記憶的喚回以及社群的治理，也有不少主要是來自民間私人企業的力量與資金，並且取得政府認同與支持。以忠泰建設公司所成立的建築藝術基金會爲例，自 2007 年成立以來，本於建築領域的知識與資源，試著同時扮演建築開發商與都市行動者的角色，與基金會結合建築師、設計師、藝術家及文化工作者等各種跨領域專業，致力於城市環境之關懷與發展和創意培力，透過展覽、論壇、講座、工作營、出版等多元形式，浸潤臺北都會區的許多老舊的或待開發而衰微的街區，激發參與民眾對於生活美學的想像與實踐（財團法人忠泰建築藝術基金會，2017）。

　　忠泰建築藝術基金會所推動的「都市果核計畫」（Project Urban Core）旨在運用舊有城市空間推動創意聚落，藉以培育都市再生的能量，而其首站據點，即命名爲「城中藝術街區計畫（2010-2012）」。蘇瑤華稱其爲民間所發動的第一個藝術群聚（art cluster），她觀察許多城市的再生計畫，認爲在創意經濟漸行其道之後，藝術群聚開始成爲全球後工業社會最時興的空間翻轉工具：

　　　　與其說臺北市藝術群聚的實踐帶動了城市振興，更值得注意的是，獨立藝術家聚在一起的價值是在於保存、運用城市衰頹區域的文物建築，創意人匯聚了振興城市的公共生活，從而凝聚了在地集體記憶、地方意識與認同……忠泰建築文化基金會在城中藝術街區實踐藝術群聚，不爲抵抗體制、產業育成，也不求城市再生或產業振興……運用母公司待整合開發的基

地，結合公部門政策前導計畫，推行民間發動的第一次藝術群聚。（蘇瑤華，2015：194-195）

　　蘇瑤華認為，在藝術團隊的計畫退出後，街區因藝術群聚衍生的街道活力與地方魅力逐漸退去，但是已經潛入曾經參與的人群以及城市記憶的一部分。這些計畫施行期間所產生的迴響與思辯，除了空間如何活化與城市的創意再生的討論之外，也「**衍生了相對應的文化治理的問題，藝術在街區群聚，對於參與社群的創新發展能力提升極為重要。**」（蘇瑤華，2015：196）這樣的功能與累聚能量，對於群聚的勸誘力，比產業鏈的串連所帶來的經濟效益，亦是不容忽視，參與者心裡創造力的積累，可以帶來社群以創意治理的諸多可能，可視為城市改變的力量與觸媒，藉由文化重塑地方經濟的特質，也是重新檢視地方都市再發展的重要面向。（Zukin, 2004）

　　「建築作為一種文化力」、如何「具有文化影響力」，正是基金會致力於推動的工作，也秉持著這樣的理念期許一系列的藝術介入街區的對話、教育、工坊能為城市的發展影響更多人、培養關心城市未來發展的人才（忠泰建築藝術基金會，2017）。而城市地區的社群治理，也有賴這些人才的投入，發揮對在地的影響力，誘使公眾去關心「如何讓一個社區或整個城市未來的生活更美好」，並且更進一步參與、投入在地的事物。

　　在很多情況下，藝術家的社會實踐得以有歷程性的發展，往往是因為其所探索的是關於常民生活於精神場所的思辯與想像。另一個忠泰建築藝術基金會自 2014 年以來的藝術進駐艋舺舊城區的計畫「新富町文化市場」，則是一個以在臺北都會生活中逐漸式微的傳統市場為活化的空間與創意生產的平臺。[6] 忠泰建築藝術基金會進駐傳統市場之後，把市定古蹟「新富市場」舊建築作為觸媒，在硬體方面，將古蹟從新翻修整建，賦予場域內外的新思維。

　　2017 年「新富町文化市場」全新開放，設置餐桌學堂、教學教室、

圖 2.2　市場古蹟建築空間改建之後
煥然一新的現況
（攝影：董維琇）

展演空間、協作空間、餐飲空間等多元模式（圖 2.2），一方面延伸傳統
菜市場精神，爲老市場尋找持續發展的在地意涵，從藝術家的創作使人們
覺知與看見傳統市場裡的美感經驗——食材特產與在地知識的交流、職人
攤臺代代相傳手工製造的古早美味、買菜群眾或攤商與其熟悉對象搏感情
的對話、接地氣的日常生活景觀；另一方面，在經營老市場建築空間的過
程中，透過各種活動、展演與論壇也連結年輕社群注入社會資產活化、城
市再生等議題進入老城區，成爲群眾討論文化新生的交流場域（陳永賢，
2018：154-159）。

　　在展覽方面，策展人同時也是新媒體藝術家陳永賢，自 2014 年起，
帶領「游奕」藝術家團隊先後佐以田野調查與參與實踐兩階段進行在地研
究，透過錄像裝置、錄像及新媒體藝術呈現傳統市場的人與土地對話，以
及市場諸眾接地氣的日常生活樣貌。分別在 2015 年呈現「老市場的記憶
與新生」，與 2018 年「庖廩之所」等當代藝術對話系列展覽。試圖以老

市場作爲交流平臺，傾聽市場攤商與鄰近居民的故事，藉以喚起大眾對於老市場的關注與未來的想像。例如：其中有一系列創作是以發現手作職人精神爲關注點，由於傳統市場裡有許多身懷絕技的手工製造者，傳統的製冰、古法製作的花生粉、手榨麻油、魚丸、手工製麵等製作過程的聚焦凝視與記錄，透過「職人圖」新媒體藝術作品系列以歷歷在目的「虛擬實境」（VR）使觀眾現場體驗。陳永賢認爲：「**在傳統市場裡尋獲遺忘已久的傳統手工製造，是一場驚喜，也從這身歷其境的手工對話，從中窺探出傳統老店如何守住古早美味，以及讓人貼近常民的職人生命力。**」（陳永賢，2018：157）

在今日的時代裡，傳統菜市場裡所擁有的在地情感與世代傳承的老店裡手作職人精神，以及其背後動人的故事，都是彌足珍貴，值得駐足感受、體驗與看見的生活美感，而這也是足以支持一個地方或空間保留下來，並且永續經營與傳承的力量（圖 2.3）。

由於常民文化是從在地紮根做起，民眾才是文化創意空間的主體，藝術活動的發生，讓人們重新凝聚對地方與社群的思考。在資本主義全球化時代、都會化的浪潮下，沖淡甚至是抹除了地方的特色，使人們逐漸失

圖 2.3　新富町文化市場 2018 年「庖廪之所」展覽，展現對傳統菜市場內的職人文化與在地生活的凝視。

（攝影：董維琇）

去對於地方環境的關心、認同及想像，也可能帶來環境失衡的危機。歸結前述這些藝術活動的社會實踐，不論是如「樹梅坑溪環境藝術行動」試圖喚起民眾對都會邊緣地區的生活品質與環境美感的覺知、土溝農村的「農藝復興」，還是臺北市舊城區「新富町文化市場」藝術家以創意的方式，對於在地集體記憶、擁有歷史但逐漸萎縮的傳統菜市場生命力的靜觀與凝視，透過集體記憶的喚回所帶來與創意共生的社群治理，也都是在為創造城鄉地區的活化與再生累聚力量。

2.5　國際與在地經驗的反思

　　除了筆者在本章前面所提到的在地案例研究與概念的分析之外，許多在國際間藝術的社會實踐與文化創意空間的結合案例，儘管與臺灣具有不同的文化脈絡與背景，也足以帶來一些不同視野的激盪、參考與經驗的反思。

　　以英國為例，在 1970 年代以來普遍興起社區（群）藝術運動（community art movement），其發展在反映戰後英國的社會與經濟變遷、大眾文化以及不同年代的文化運動或次文化無疑的具有密切關聯。其後的數十年中由藝術家自主性發起或由各地藝術委員會（arts council）所資助的藝術家進駐計畫（artist-in-residence schemes）的影響下，顯示當代藝術家創造力的價值，以及他們在英國社會大眾的生活中所可能帶來的影響力（Arts 2000, 2001）。

　　Bishop（2012）在《人造地獄：社會參與式藝術與觀看者政治學》（*Artificial Hells: Participaratory Art and the Politics of Spectatorship*）一書中，分析與比較 1970 年代崛起的社群藝術運動與英國當代藝術家團體 APG（Artist-in-Placement Group, 1966-1989），他們於 1960 年代開始對於各種機構與公部門的進駐（placement）嘗試，他們挑戰社會權力結構，

呼籲藝術家的創意對社會的影響與改變的力量。Bishop 認為相較於社群藝術運動的草根性（grass-root）與不要求其專業度、人人皆可為，後者顯然是較為菁英主義式的，但是皆帶給後來的藝術家——特別是從事社會參與性藝術的實踐者典範之參照，具有重要意義，也擴大了藝術的疆界，挑戰藝術傳統的定義。

於 2015 年底在英國素來享有盛名的泰納獎（Turner Prize），[7] 頒給了一個由建築師、設計師、歷史、科技、哲學、社會學等不同專業領域者共 18 人組成的名為 'Assemble' 的團體，他們擅長的是與社區合作的都市再生計畫，得獎的作品不是在畫廊展出的作品，而是一個在南利物浦社區發生的街區改造計畫。Assemble 以振興英國工業老城利物浦的「格蘭比四條街」（Granby Four Streets）計畫獲得殊榮。值得注意的是，這一街區是利物浦當地建造於 1900 年前後的住宅地區，原以階梯式建築特色而著名；直到 1980 年代因遭逢經濟衰退而導致失業、種族偏見、警察介入執法等問題，而於日後陸續發生示威暴動，致使街區內房屋也受到嚴重毀損、面臨被拆除的威脅等厄運，成為無人涉足的地區，長期的發展停滯。

泰納獎得獎作品過去以典型創作為主，大多能完整呈現於展覽空間，並進入典藏機制或藝術市場中流動，但這次將殊榮頒給一個振興社區、街區再造的計畫，無疑是極具突破性的決定，也是史無前例的。英國的重要媒體《衛報》（*The Guardian*）指出：Assemble 的思考方式對藝術市場與對地方振興的過程中常會發生的仕紳化（gentrification）現象無疑地都是一種對抗。因為他們不想與藝術市場共鳴，但是卻開創出藝術的創新之路，他們積極地以更多在地民眾的參與及自決抵制仕紳化，而他們的計畫也展現出一種公民的力量。[8]

2015 泰納獎評審團對於 Assemble 的評語包括：「**展示社會的另一種可能。Assemble 與 Granby Four Streets 的長期合作顯示在後工業年代，藝術創作帶動和影響迫切的社會議題之重要性。**」[9]Assemble 提供給居民的是一個對美好未來的願景，每個細節包括街道、屋舍或花園，看向的都

是未來的永續性。經過長時間的聆聽與溝通，原本廢棄已久的房子開始重
修，關注在爲住戶提供充足的空間感，更重視每個家庭需求，量身打造屬
於他們的理想家園。從「過程的重要性」到對「未來永續性」的關注，他
們的計畫改造的不只是過去；處理的不只是當下，更試圖發揮一群人集
成的力量來建立社會關係，並改變現狀、改變社會（戴映萱，2015：194-
197）。

　　泰納獎破例頒給一個建築設計團體，甚至連作品都不被定義爲所謂的
藝術，但一件能代表英國此刻關心議題的作品，也同時是藝術世界當前正
關注的議題：「藝術如何參與在社會當中，藝術如何帶來改變？」陳永賢
對 2015 年的泰納獎提出觀察，認爲：

> 　　Assemble 獲獎的事實，提供了新世代的想法，他們一方
> 面採用社區參與、街道重建、建築翻修，另一方面也執行手工
> 製造等事務爲途徑，以群體力量策劃這個長期的進駐活動。更
> 重要的是，他們選擇被邊緣化的社區，對於空間改造的操作方
> 式，不僅讓一個被遺棄的社區得以重生，也勾勒出如何形塑社
> 區運作的公共議題。（陳永賢，2016：190）

　　Assemble 在「格蘭比四條街」房屋改造階段性任務完成後，又成立
了一家社會企業「格蘭比工作坊」，販賣多元的手作家居用品，也藉此僱
用在地居民。工作坊內商品強調在地化，蒐集社區內維多利亞老屋的荒廢
建材，再重新加工製成新門把、燈罩、窗簾和磁磚等，也讓居民動手 DIY
製成所有商品。Assemble 成員在受訪時表示：「**這也是一個讓社區參與
重建社區的機會，並帶給社區更多曝光及能見度……長期而言，成立社會
企業能夠讓社區成爲有多重作用的自治體，保持在地化的經濟活動，也有
利於計畫持續的進行。**」[10] 若與前面提到的忠泰集團所規劃「都市果核計
畫」（Project Urban Core）的城中藝術計畫以及新富町文化相較之下，

其所強調的是地區的活化、藝術群聚、人才培力，但卻未形成社會企業的永續發展。

　　Assemble 讓我們看到的是一個結合文化、設計與建築的跨領域團體，如何向世界展示他們對社區運作的不同方式。Assemble 成員認為，他們的作品是與社區攜手合作的一小步，是創造社會價值的一大步，[11] 由不同的專業者合作跨領域的都市再生計畫，以藝術與創意的方式，和民眾協力打造原本破落的街區，居民攜手重建他們的家園。藝術創作與公民力量的結合，也使那些迫切、棘手的社會議題或缺乏自信及社群治理的邊緣地區，得以凝聚共識，尋求更美好的生活，是這個案例所帶來啟示。

2.6　小結

　　文化與人文景觀的建造，往往不是由上而下，而應該是由下而上，而近年來當代藝術的社會實踐也回應了公眾參與及公民意識抬頭的潮流，藝術家渴望與公眾面對面，這個創造性的新公眾空間（public sphere），其中蘊含了各種可能性，帶來革命性的力量（Tung, 2012），也為文化創意空間挹注了新活力。在未來，如何永續則有賴於在地的認同、文化的醒覺（awareness）、參與及情感上的連結及關懷。回應藝術家波伊斯所說的「創造力 = 資產」，藝術的社會參與及實踐介入空間，造成藝術群聚與文化創意的平臺，它所帶來的雖不是「可勝數的價錢」，但卻可以是各種可見與不可見的「價值」，這些藝術家的社會實踐使我們看見文化創意空間是如何改變人的觀念、成為城市改變的催化劑及改變城鄉人文地景的力量，可說是另一種值得關注與培養的軟實力。

註釋

1. 自 2014 年起至 2017 年止文化部提出「藝術浸潤空間補助計畫」，提供藝術家申請補助。

2. 參見台新藝術基金會主辦，〈藝術家如何透過創作實踐與社會交往〉論壇，與談者台新藝術觀察員陳泓易提出的回應。刊載於《典藏今藝術》，No. 221，2011 年 2月，頁 111。

3. Lu Pei-Yi（呂佩怡）指出，臺灣在解嚴後的政治氛圍下，本土意識抬頭，藝術家的作品試圖呈現對本土的認同與詮釋本土文化，有許多展覽走出美術館的空間場域，到可以感受到在地文化的戶外展出，她統稱這些藝術為場外藝術（off-site art）。參見 Lu. P.Y. (2010), 'Off-site Art Exhibition as a Practice of "Taiwanization" in the 1990s', *Yishu: Journal of Contemporary Chinese Art,* Vol.9, No.5 (Sep/Oct, 2010), p.16-17

4. 吳瑪悧居住在鄰近的淡水八里地區，為當地居民，並與竹圍工作室有相當密切的長期合作的夥伴關係，而竹圍工作室自 1995 年以來也已經在地深耕多年，對生態的永續經營也是其成立的宗旨之一，因此對附近環境的問題有相當的關注。

5. 筆者在 2013 年及 2016 年、2017 年多次田野調查，主要是與「土溝農村美術館」執行長黃鼎堯，以及同為參與在「土溝農村美術館」的水牛設計部落的負責人呂耀中、展覽專案經理進行訪談，也包括對在地的觀察。

6. 「新富市場」建築 2006 年經由臺北市政府正式公告為市定古蹟，並於 2013 年由主管機關「臺北市市場處」完成古蹟修復工程後，2014 年公開招標，同年，忠泰建設得標取得市定古蹟新富市場 9 年經營權後，忠泰建築藝術基金會執行活化計畫。

7. 泰納獎以英國畫家泰納（Joseph Mallord William Turner, 1775-1851）命名，是對英國 50 歲以下視覺藝術家頒發的一項年度大獎。它在 1984 年開始，並成為英國最廣為議論的藝術獎項。其在全世界當代藝術具有舉足輕重的影響力，往往被認為足以呈現當前藝術的趨勢與新貌。

8. Power to the People! Assemble win the Turner prize by ignoring the art market, Retrieved from https://www.theguardian.com/artanddesign/2015/dec/07/turner-prize-2015-assemble-win-by-ignoring-art-market

9. 同上註。

10. 參見 Assemble 受宜蘭縣政府邀請於 2016 年訪臺專刊之報導。

11. 同上註。

參考文獻

中文部分

王弘志（2012）。新文化治理體制與國家─社會關係：剝皮寮的襲產化，世新人文社會學報，第十三期，頁 31-70。

王慧如（2016）。從評審到策展人──一九九四年「環境藝術」中的責任藝評制，收錄於於呂佩怡主編，臺灣當代藝術策展二十年。臺北：典藏。

文化部官方網站（2014）。Retrieved from https://www.moc.gov.tw/information_250_40297.html

竹圍工作室（2012）。以水連結破碎的土地：樹梅坑溪環境藝術行動，網路電子書，臺北：竹圍藝術工作室出版。Retrieved from https://issuu.com/art_as_environment/docs/catalogue

吳牧青（2013）。關於「換域／換喻」的承諾──吳瑪悧的社會實踐對話藝壇思潮，典藏今藝術，No. 253，頁 168-169。

洪儀眞（2013）。村即是美術館，美術館即是村：臺南土溝農村美術館的敘事分析，現代美術學報，第 26 期，頁 5-35。

高雄市立美術館（2015）。與時代共舞──藝術家 40 年 × 臺灣當代藝術。高雄：高雄市立美術館。

財團法人忠泰建築文化藝術基金會編著（2017）。2007-2017 忠泰建築文化藝術基金會。臺北：財團法人忠泰建築文化藝術基金會。

陳永賢（2016）。當代藝術的推進器：2015 泰納獎評析，藝術家，489 期，頁 188-193。

陳永賢（2018）。與傳統市場相遇：新富町文化市場展出「庖廩之所」，藝術家，514 期，頁 154-159。

陳泓易（2007）。當居民變爲藝術家，收錄於吳瑪悧編，藝術與公共領域：藝術進入社區，頁 106-115。臺北：遠流。

莊偉慈（2011）。以藝術介入改變環境：樹梅坑溪環境藝術行動，**藝術家，第 437 期**，頁 230-233。

曾旭正（2013）。發現農村美術館，收錄於陳昱良、黃鼎堯等編，**土溝農村美術館**，頁 22-23。臺南：土溝農村文化營造協會。

曾曬淑（1999）。**思考＝塑造，Joseph Beuys 的藝術理論與人智學**。臺北：南天。

廖新田（2010）。**藝術的張力：臺灣美術與文化政治學**。臺北：典藏。

廖億美（2008）。嘉義環境藝術行動：藝術可能性的在地實驗，**藝術家，第 393 期**，頁 178。

董維琇（2013）。藝術介入社群：社會參與式的美學與創作實踐，**藝術研究學報，第六卷第二期**，頁 27-38。

董維琇（2015）。擴大的界域：藝術介入社會公眾領域，**藝術論衡**，復刊第七期，頁 95-108。

蔡晏霖（2015）。有情有義的溫度：與「農」交往的藝術，收錄於吳瑪悧主編，**與社會交往的藝術——臺灣香港交流展**，頁 82-91。臺北：財團法人中華民國視覺藝術協會。

蘇瑤華（2015）。公共生活的振興與藝術聚落治理，收錄於財團法人忠泰建築藝術基金會編著，**舊城區的藝聲 ✕ 異生：城中藝術街區**，頁 192-197。臺北：財團法人忠泰建築藝術基金會。

戴映萱（2015）。這是否能稱作藝術？2015 泰納獎的爭議與反思，**藝術家，489 期**，頁 194-197。

英文部分

Arts 2000 (2001). *Year of the Artist: Breaking the Barriers*. Sheffield: Arts 2000.

Bishop, C. (2012). *Artificial Hells: Participoratory Art and the Politics of Spectatorship*. London: Verso.

Bourriaud, N. (2002). *Relational Aesthetics*. Paris: Les presses du reel.

Florida, R. (2003). *Cities and the Creative Class*. London: Routledge.

Helguera, P. (2011). *Education for Socially Engaged Art: A Materials and Techniques Handbooks*. New York: Jorge Pint Books.

Kester, H.G. (2004). *Conversation Pieces: Community and Communication in Modern Art*.

Berkley: University of California Press.

Lacy S. (ed.) (1994). *Mapping the Terrain: New Genre Public Art*. Seattle: Bay Press.

Landry, C. (2000). *The Creative City: A Toolkit for Urban Innovator*, Second Edition. London: Comedia.

Lu, P.Y. (2010). Off-site Art Exhibition as a Practice of 'Taiwanization' in the 1990s', *Yishu: Journal of Contemporary Chinese Art,* Vol.9, No.5 (Sep/Oct, 2010), pp.16-17.

Mesch, C. & Michely, V. (2007). *Joseph Beuys: The Reader*. Cambridge: MIT Press.

Power to the People! Assemble win the Turner prize by ignoring the art market, Retrieved from https://www.theguardian.com/artanddesign/2015/dec/07/turner-prize-2015-assemble-win-by-ignoring-art-market

Tung, W. H. (2012). The Return of the Real: Art and Identity in Taiwan's Public Sphere, *Journal of Visual Art Practice*, Vol.11, No.2 &3. pp.157-172.

Zukin, S. (2004). "Space and Symbols in an Age of Decline" in *The City Culture Reader*, edited by Malcolm Miles, Tim Hall and Lain Borden. New York: Routledge.

Chapter 3
創意文化商品設計與開發

➤ 陳璽任

　　「創意文化商品」所包含的領域極其廣泛，在日常生活中隨處可見，舉凡廣告、印刷、電視與廣播、電影、工藝……等等，商品設計亦在其中扮演重要角色。這個章節將從商品設計的角度來探討創意文化。

　　首先從產品設計的歷史發展談起，可以看出著名設計風格一方面承接歷史，同時也根據不同時期的主張創造了新風格，進而演化出新的文化。在另一方面，從追求裝飾的美術工藝運動、新藝術運動開始，講求機能、製造、理性思考的現代主義的包浩斯，到最後強調文化、個人特色的孟菲斯團體，這一系列的設計發展可以看出心理感受在產品設計上扮演愈來愈重要的角色，當然美感與功能也不能被忽略。在第二節中，論述聚焦在「文化」、「創意」、「商品」三者之間的關聯，並強調文化內涵是創意文化商品必不可少的核心，創意是表現的手法，而商品是最後的媒介，一個成功的創意文化產品必須於消費者與文化間建立一道無形的連結，透過連結，讓消費者可以正確地回憶起文化特色，如此便能延續與保存文化。在第三個小節中，將介紹「人物誌」以及「使用者旅程地圖」兩項實用且操作簡易的設計方法，以人物誌來了解設計對象並找出需求，而使用者旅程地圖則可以延伸設計的範圍並從商品使用過程當中找到切入點。期望透過以上論述能提供給從事相關商品開發的讀者有所參考與助益。

3.1　從產品設計發展看創意文化商品

　　在進入創意文化商品的論述前，希望藉由設計歷史的演進來為讀者說明產品設計發展歷程以及趨勢。因此，筆者綜合一些著名的設計史著作（Burdek, 1998；Whitford, 2010；王受之，1997；盧永毅、羅小未，1997），來介紹美術工藝運動、新藝術運動、荷蘭風格派、包浩斯、國際風格、流線型、裝飾藝術、普普藝術、孟菲斯。這些歷史上著名且極具影響力的設計風格一方面能作為創意文化商品的取材，另一方面也能看出

爲何創意文化商品在生活中日趨重要。

美術工藝運動（Arts and Crafts Movement）

　　18 世紀中葉從英國開始的工業革命爲人類的發展帶來極大衝擊，不論在政治、經濟、人口結構、都市規劃乃至於生活方式上皆因此而改變。在產品方面，工業化製造大大提升製造能力與速度，但技術的不成熟以及技術與藝術間的不協調，導致品質低劣、裝飾繁複的產品充斥在當時的生活。在這樣矛盾且劇烈的拉扯之下，有理想與抱負的知識分子、設計師們開始探討到底社會需要什麼樣的產品，19 世紀中到 20 世紀初在英國展開的「美術工藝運動」即爲此而生。美術工藝運動強烈批判設計領域上，毫無意義地模仿各種風格與美學素養低劣的機械化產物，他們主張恢復手工生產，反對機器複製的現象；他們師法自然，從花卉藤蔓當中找尋靈感運用到產品設計上；另外，他們推崇哥德式的風格，認爲哥德式建築是誠實的風格，因爲它的特色源自於結構。雖然美術工藝運動最後沒有成功，但它深深影響了往後設計領域的發展。威廉‧莫里斯（William Morris）是美術工藝運動代表人物也是開啓設計改革的先驅，他的著名設計，例如：壁紙、書籍封面、家具，是英國設計界的瑰寶之一，他的許多作品目前收藏在倫敦的 V & A 博物館（Victoria and Albert Museum），這些設計經過轉換亦成爲暢銷的創意文化產品（圖 3.1）。

新藝術運動（Art Nouveau）

　　受到英國美術工藝運動的啓發，歐陸在 19 世紀中也展開一場規模更大的設計運動來面對機械化生產。這場名爲「新藝術」的運動，從法國巴黎展開，很快地蔓延到歐陸各國，新藝術運動在歐陸國家有著不同的名

圖 3.1 莫里斯設計作品（左）與販售之紀念品（右）
（筆者攝影）

稱，例如：巴黎—六人集團（Les Six）、德國—青年風格（Jugendstil）、奧地利—分離派（Wiener Secession）、英國—格拉斯哥風格（Glasgow style）。雖然新藝術運動同樣對機械化生產有著強烈反應，也同樣反對產品上多餘且不合理的裝飾，但與英國美術工藝運動相比，他們不排斥機械化生產，在裝飾上不依循任何歷史風格，而從自然中找尋靈感並且將自然抽象化、象徵化，強調動感的線條。新藝術運動的思維比英國的美術工藝運動更加開放，也更願意接納新的刺激與風格，例如：日本浮世繪，因此在設計的表現上也就更為多元與奔放。新藝術時期的著名作品讀者們一定不陌生，例如：由赫克多・基瑪德（Hector Guimard）設計的巴黎地鐵站入口（圖 3.2）、捷克畫家阿爾豐斯・穆夏（Alfons Maria Mucha）的畫作，甚至是西班牙建築師高第（Antonio Gaudi）的百水公寓與聖家堂。

圖 **3.2** 巴黎地鐵站
（筆者攝影）

荷蘭風格派（De Stijil）

隨著機械化生產技術的成熟，設計的思潮也開始轉向，在產品外觀的裝飾元素上從原本的觀察大自然再轉化爲設計元素，變爲抽象元素的使用，同時也考慮產品的結構與工業化製造程序之間的關係。其中 20 世紀初在荷蘭組織起來的「風格派」非常著名且影響深遠。風格派的成員強調人造的、和諧的秩序與安排，僅運用最純粹的造型元素來構成畫作、產品甚至建築物。垂直、水平線條（甚少斜線）以及紅、黃、藍三原色加上黑、白兩色即是他們認爲最純粹的設計元素。因此他們的作品特色鮮明，

辨識度極高。皮特・蒙德里安（Piet Mondriaan）是風格派的知名畫家，他的作品不僅廣爲人知，也透過各種手法運用到各種產品（圖 3.3），甚至服裝與時尚配件上。此外，在設計史上眾所皆知的「紅藍椅」（Red-Blue Chair），便是由風格派設計師蓋瑞特・里特費爾德（Gerrit Riet-veld）所創作，這張椅子所呈現的是風格派的對於產品設計的思維，而非以實用、舒適作爲設計目的，他使用不同顏色來分別呈現椅子每個部件的功能，紅色：椅背用來依靠；藍色：椅面用來坐；黑色：椅子的結構與支撐，在黑色的端點漆上黃色，用來強調結構，因爲黑、黃搭配是最醒目的顏色配對。由此不難看出風格派在當時獨樹一格的理性思維。

圖 3.3　蒙德里安畫作轉換於商品上
（杜文心攝影）

包浩斯與現代主義（**Bauhaus and Modernism**）

在設計史中，若問最為人熟知的名詞為何？「包浩斯」必定榜上有名，它不論在設計實務或設計教育上，為現代主義奠定了基礎與模範，其貢獻非凡也深深影響世界往後數十年的設計風格。包浩斯是一間於 1919 年在德國威瑪（Weimar），由知名建築師瓦爾特・葛羅佩斯（Walter Gropius）成立的設計學校，後因政治因素搬遷至德紹（Dessau），在當地建造了校舍，如今是世界最著名的現代主義建築群；1932 年再度因為政治因素遷至柏林（Berlin）；1933 年受德國納粹迫害而被迫關閉。前期的包浩斯乃是一所懷抱烏托邦式理想的學校，1921 年左右受到荷蘭風格派與俄國構成主義的影響，包浩斯的教學方向轉為理性、務實，他們擁抱機械生產，強調藝術理論與實作合一，深信產品應該為大眾服務。因此他們的作品理性、簡約，重視產品功能、工業製造程序與新材料運用，並以此作為造型依據，擺脫傳統風格，不矯揉造作。此外，由於治校經費不足，師生們必須透過設計品與刊物販售、舞臺設計與表演來補足經濟缺口，因此，商業行為也同樣被落實在包浩斯的教育當中。包浩斯解散後，優秀的師生與教員被迫轉移到其他國家繼續發展，例如：葛羅佩斯、密斯・凡德羅（Ludwig Mies van der Rohe）、馬歇爾・布勞耶（Marcel Breuer）……等人，讓包浩斯的精神繼續在美國延續，同時不同於過去各種歷史風格的現代主義也成為 20 世紀以後的設計語言，開啟新的設計文化。

國際風格（**International Style**）

德國納粹崛起導致歐陸人才出走，二戰之後美國取代歐洲成為全球設計發展的中心，例如：在建築上，現代主義在美國延續而形成影響全球

的「國際風格」。現代主義與國際風格在外觀上非常類似，但國際風格運用更多的玻璃帷幕。主要差異在於思想的不同，現代主義以改善社會貧窮與大眾服務為出發點，因此他們找尋最適當、最節省的工法與材料來建造住宅，因此強調「先功能後形式」，簡約的外觀只是這種思維底下必然產物。相反地，當時富裕的美國社會沒有貧窮的問題，這些新穎的設計手法在新大陸成為一種時尚與權力、財團、現代的象徵，簡約的外觀是設計目的而非結果，簡言之，國際風格強調「先形式後功能」。這種建築風格在20世紀中以後猶如病毒般席捲全球，全世界的摩天大樓都非常相似，高聳入雲、簡潔立面、外形四方、鋼骨結構、玻璃帷幕，成為名副其實的國際風格。

流線型（Streamline）

20世紀30至60年代的「流線型」風格，也是從美國開始流行而具有世界性影響的產品設計形式之一。流線型源自於當時交通工具設計對流體力學的探討，在30至40年代的美國，流線型幾乎是工業設計的同義詞，流暢、動態、速度感的外觀成為當時「現代」的象徵。此外，美國工業設計向來以商業為導向，產品造型的變化成為刺激消費最有效的手段，因此流線型得以紅極一時。從交通工具開始，延伸運用到各種日常生活各個設計領域中，例如可口可樂曲線瓶、削鉛筆機、電話、冰箱甚至建築物。該風格特色是外型流暢，通常以水滴造型呈現，運用塑膠、合成樹脂或金屬作為材料，使表面得以平整光滑，並隱藏內部構造，讓產品外觀成為一完整造型。

裝飾藝術（Art Deco）

　　承襲著法國新藝術運動，盛行於20世紀30至40年代，「裝飾藝術」與當時主流的現代主義有著完全不同的風格。在思想上，現代主義設計帶有精英主義的、理想主義的，強調為大眾服務，不看重裝飾；而裝飾藝術的設計對象是富裕的上層階級，運用精緻、稀有、珍貴材料作為裝飾來迎合富裕階層。其所採用的元素包含了充滿異國風情的紋飾（古埃及、南美洲文明）、非洲原始藝術元素、光與電，並以抽象的方式呈現出來，例如：放射型、閃電型、曲折型、金字塔型等，結合工業化生產方式來呈現作品。美國紐約的克萊斯勒大樓、帝國大廈都是著名作品，也呈現在許多電影中，例如：鋼鐵人、金剛、星際戰警3、蜘蛛人等。從裝飾藝術的盛行中也可以發現，面對工業化所帶來的改變，雖然注重理性的現代主義一支獨秀，然而，重視感性、心理層面的風格在設計的發展上卻也一直沒有缺席過。

普普藝術（Pop Art）

　　普普藝術是60年代源於英國，由知識分子所發起的藝術與設計運動，其後影響全世界。普普藝術是藉由「大眾化」（Popular）一詞而來，不僅僅是強調大眾享有的文明，更強調對「正統」的反叛，在當時現代主義與國際風格已是主流的代表，全世界充斥著簡約、現代的作品，對此他們卻看見單調、冷漠、缺乏人情味的設計不斷重複，因此試圖作出改變，力抗現代主義和國際風格。此外，二戰之後出生的人們成為當時消費主力，他們渴望找尋一套屬於自己的設計風格、新的文化認同與自我表現方式。透過美國大眾文化，例如：好萊塢電影、搖滾樂、消費文化……等，讓他們感受到大眾文化的活力，認為在用畢即棄的新物質文明中，功能主

義不再是首要考量，而是市場需求以及消費者心理的滿足。普普藝術作品特色通常是：便宜、可大量生產、有趣且充滿魅力。他們以鮮明、大膽的用色和材料重塑日常生活常見的各種物品。著名的作品像是安迪‧沃荷（Andy Warhol）的 Campbell's Soup Cans 以及 Marilyn Monroe。

孟菲斯（Memphis Group）

孟菲斯團體是一個在 1981 年由義大利鬼才設計師埃托‧索特薩斯（Ettore Sottsass）帶領的設計團體。與普普藝術相同，孟菲斯團體對於現代主義的簡約、理性思維充滿批判，取而代之，他們推崇設計的裝飾性，強調設計應具有個性與人文思想，同時也非常重視文化價值，嘗試將世界各地的不同文化整合至設計中。造型風格上直接受到裝飾藝術影響，因此產品外觀上他們大量採用幾何造型元素、異國文化元素，例如：東方、非洲、南美洲藝術都是他們取材的對象；在用色上比普普藝術更為鮮明、大膽，愛用彩度、明度高的顏色，例如：桃紅、粉綠、亮黃色等，50年代的媚俗藝術（Kitsch）也是他們的靈感來源之一。在當時，孟菲斯與現代主義完全反其道而行，但他們透過用色鮮明的幾何外觀、幽默風趣的表現手法、強調文化與個性的產品內涵，讓設計領域開始跳脫現代主義的框架，在理性、機能、強調個性的設計風格之外，拓展出一條更貼近人心的設計道路。

從以上的產品設計發展，可看出工業化生產的出現讓設計無所適從，美術工藝運動與新藝術運動藉由歐陸豐富的文化底蘊來探討產品的裝飾與樣貌，雖然他們最終沒能成功引領設計發展，卻也創造了屬於當時的一系列文化。隨著工業技術的成熟，設計轉為理性，在荷蘭風格派、包浩斯等團體的引領下確定了影響深遠且全面的現代主義與國際風格，重視機能與製造程序的結果導致了合理、簡約卻又單一的造型語言。其後，裝飾

藝術、普普藝術、孟菲斯等團體能夠看見當時主流風格的無趣，開始強調以裝飾、文化、個性化來滿足人們對產品的感性需求。這一連串的演進展現產品設計與文化之間的強烈連結，能以既有文化作為根基，亦能因應時代開創新文化，各項風格也依其特色衍生無數的創意文化產品，因此，文化之於產品的重要性可見一斑。

　　若從設計整體發展趨勢來看，更加廣泛與扎實的元素運用以及對文化與市場的快速反饋，儼然成為 21 世紀初的設計特色。首先，「跨領域合作」的概念不論在哪個領域裡皆愈來愈受到重視，在創意文化方面亦如此，例如：由文史專家提供特定文化的專業知識，再由設計師轉化成創意文化商品，相輔相成之下自然能產出優秀作品。這種設計模式提供更多元的運用元素，同時每個領域也奠基在深厚的研究基礎上，因此當前的創意文化商品設計趨勢，在廣度與深度上皆有所提升。此外，隨著數位化與創客的門檻降低，製作產品原型的速度也愈來愈快，設計想法的測試甚至小量生產變得更加容易，如此能縮短創意文化商品的開發時程，也能藉此提升最終設計品質。

　　另一方面，雖然各個時期所強調的重點不同，但綜觀整個歷程，能看出產品設計所包含的三個重要層次：美感、功能、心理需求，而隨著技術與產品機能的提升，在設計發展的後期，機能不再是產品設計的唯一，心靈層次與消費者喜好變得同樣重要。在下一節中，筆者將接續探討這三個層次在創意文化產品上所扮演的角色與運用。

3.2 ***商品設計連結創意文化***

產品設計層次

在此，筆者將透過設計心理學大師諾曼在《情感設計》一書（Norman, 2005）中所提出之理論作為論述的根基。他認為人類對於商品（Commodity）的認知包含了三個層次（圖 3.4）：本能層次（visceral level）、行為層次（behavioral level）、反思層次（reflective level）。

顧名思義，本能層次所指的是人類與生俱來的本能與反應，在本能層次上，生理特徵主導了一切，而大部分的人類在本能層次上的反應是非常類似的，例如：愛美麗的物品、享受舒適的環境、喜歡美妙的音樂……等等。雖然大家對於美、舒適、好聽的感覺可能因為文化或生活經驗各有不同，但整體來說仍有一定的偏好，若設計以本能層次作為出發，將很容易獲得多數人的青睞。行為層次則與使用有關，包含功能、是否容易理解、使用性等。可以透過清楚的可視性、配對、限制、良好的回饋等來優化商

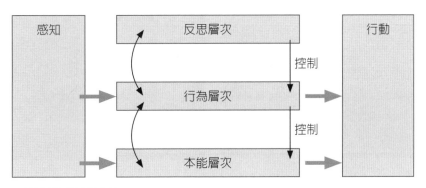

圖 3.4 設計的三個層次
（Norman, 2005）

品使用，例如：門把設計，在門上安裝一個ㄇ字型把手代表門可以向外拉開，設置一個平面的金屬片則代表向內推開，非常直覺易用。行為層次的要素是一般商品設計最必要、基本的考量。反思層次涉及許多範疇，例如：商品所傳達的訊息、文化、意義，與「物件喚起個人的回憶」息息相關。然而每個人的生活環境、經驗、習慣、文化皆不同，一件事物對某個特定族群來說別具意義，對其他族群卻可能有不同連結甚至毫無意義，例如：德國聖誕節前四週起，家家戶戶會擺放聖誕金字塔（Weihnachtspyramide）（圖3.5），用來倒數耶穌基督降臨，而這個物件在其他地區常常只是個有趣、別出心裁的裝飾品。因此反思層次的驅動是極為多變且複雜的，但同時也是用設計來觸動人心最好的出發點。

圖3.5　聖誕金字塔（Weihnachtspyramide）

（筆者攝影）

　　在創意文化商品上，三個層次應同時考慮（林榮泰，2009）：有美好的生理感受（好看、好聽、好聞、好摸等等），讓商品具有吸引力——本能層次；良好功能、使用方式甚至操作指示讓商品能使用方便——行為層次；喚起使用者的回憶與感動，讓商品滿足消費者心理需求——反思層次。其中，筆者認為本能層次與反思層次對創意文化商品來說更為重要，原因在於，創意文化商品主要目的並非提升使用性或效率，而是透過商品來呈現、標記、喚起文化的特色與記憶。商品作為文化的載體，承載著文化的內涵，它可以訴說文化本身，也可以是消費者的記憶與文化之間的橋梁，因此在創意文化商品的開發上，應對本能與反思層次有更深的著墨。

創意文化商品核心

　　若將「創意文化商品」直接拆成三個部分來看，它包含了「文化」、「創意」、「商品」，筆者在此將簡述它們的意義，依此來描繪創意文化商品的輪廓。在文化方面，透過前面設計演進的介紹，可以看出各個風格借用了過往的文化元素或當代的科技、社會需求來創造不同的設計文化。就字義上來看亦有許多學者提出看法，在此簡單綜合各家說法，將文化理解為「由一群人共創、共享的生活與思維方式與其各種產出。」另外需要注意的是，文化並非與生俱來而是透過學習而來的（Hofstede, Hofstede, & Minkov, 2010, pp.3-26）。在創意方面，通常可理解為一個創作「全新」作品的能力，此外，具有創造性的作品還要具有「適應性」，即符合生活脈絡或限制的方式，如此才不致使創意成為一個不著邊際的創作，在許多評價創意的狀況中，「適應性」的影響甚至大過「創新」（Lubart, 2007, pp.28-30）。至於商品方面，在諾曼的著作當中已經清楚標記出商品所包含的三個層次（Norman, 2005），此部分於前一段落已說明過，在此不再贅述。

　　文化、創意、商品各有自己的範疇，當三者如圖 3.6 交疊在一起，描繪出彼此關聯時，核心交集即是創意文化商品。結合上述三個領域的解釋，可以推敲出創意文化商品所應包含的內容：「將一群人共創、共享的生活、思維模式與其各種產出，以創新且合適的方式，透過商品的本能層次、行為層次、反思層次呈現出來。」文化底蘊是靈魂，創意是手法，商品是媒介。

　　接著，透過圖 3.7 可以看出，在第一象限當中，優秀的創意文化商品必然具備了創意與豐厚的文化底蘊，這顯然是我們追求的目標。相反地，第三象限顯示，不具文化意涵也沒有創意的商品則應極力避免。而坊間最常出現的兩種狀況，分別是第二象限中「缺乏創意」的文化商品以及第四象限裡「文化薄弱」的創意商品。進入論述之前必須說明，筆者欲釐清的是，一個創意文化商品應具備哪些要素，而非評論什麼才是一個好的商

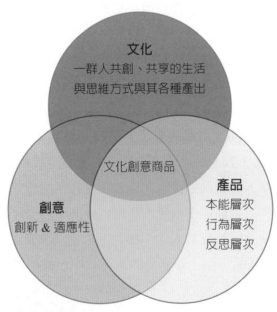

圖 3.6　創意文化商品的構成
（筆者自行繪製）

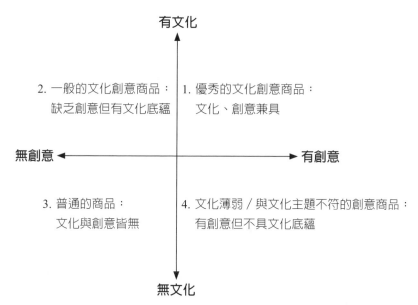

有文化

2. 一般的文化創意商品：
　缺乏創意但有文化底蘊

1. 優秀的文化創意商品：
　文化、創意兼具

無創意 ◄　　　　　　　　　　　► 有創意

3. 普通的商品：
　文化與創意皆無

4. 文化薄弱／與文化主題不符的創意商品：
　有創意但不具文化底蘊

無文化

圖 3.7　商品的文化與創意程度分布
（筆者自行繪製）

品，隨著目的的不同，評判的主軸與標準也隨之不同。

　　在創意文化商品的範疇裡，文化的重要性遠大過於創意與商品，文化是商品的靈魂，而創意當中除了創新還強調適應性，適應性強調脈絡與依歸，想當然爾，在此會指向文化面，至於商品只是一種載體、媒介的選擇罷了。因此「缺乏創意」的文化商品，尚有文化作為後盾，即便手法或載體不甚突出，仍屬文化代言人，為文化發聲。一般常見於博物館的紀念品或旅遊景點常見的設計小物多屬於這種類型。可以發現，即便是創意不足的文創商品依然能夠喚起消費者的回憶，在消費者與文化之間建立連結，而銷售狀況上也能維持不錯的成績。舉例來說，法國巴黎隨處可見有人兜售品質普通、價格低廉的巴黎鐵塔造型鑰匙圈，這個物件承載了巴黎的文化，創意手法是將地標轉化為隨身商品，如此普通的商品，在旅遊結束後，依然能讓遊客憶起巴黎旅遊時的點滴。這類商品只消再增加點創意，便很有可能成為出色作品（圖 3.8）。

圖 3.8　巴黎鐵塔造型鑰匙圈
（筆者攝影）

　　而「文化薄弱」或「與文化主題不符」的創意商品則應審慎斟酌，這類商品的特色在於創意，容易塑造出別出心裁、引人入勝的形象，結果卻是快速稀釋了對於文化應有的注意力，讓人眼睛為之一亮的同時反而模糊了文化的焦點。這種類型可以是成功的商品，但也許不適合作為創意文化商品。在「文化薄弱」的狀況下，即便表現手法優異，載體選擇巧妙，因為不足的文化底蘊，讓商品缺少了核心價值，而「與文化主題不符」的商品，反而為使用者帶來錯誤的文化認識，進而誤植了文化的意涵。現下國內有無數文創作品，其中許多作品缺少文化內涵，就像斷了根的浮萍，少了基底的支撐，在曇花一現後很快速地消失在眾多作品當中，更遑論持續為文化延續與開創做出貢獻。因此，不論是開發、使用或欣賞創意文化商

品，皆應以文化的觀點出發，若商品具有文化意涵，必然能從文化面出發並與對象產生共鳴，讓文化透過不同的方式延續。

　　論述至此，讀者也許會問，什麼才是文化與對象之間的共鳴呢？這個問題在所有的產品設計中皆是不可迴避的關鍵，當然創意文化商品也不例外。諾曼曾在他的著作中，以概念模式（conceptual model）詮釋設計師與使用者之間的鴻溝（圖 3.9）。他認為，產品是否設計良好取決於設計師與使用者的概念模式是否相互符合。設計師有自己的概念模式，它代表著設計師的經驗與設計手法，系統影像代表所有設計師的產出，例如：設計語言、標示、使用說明書；使用者模式則是使用者透過物件的使用而產生的心理模式。當設計師沒有機會和所有的使用者面對面談話時，他們僅能透過系統影像來傳達想法，因此，當系統影像沒能提供使用者良好指示時，使用者將產生一套不同於設計師的概念模式，進而導致產品使用的障礙（Norman, 2002）。前面提過的門把設計，便是良好概念模式建立的典範。

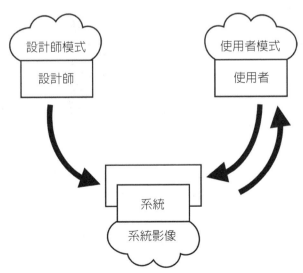

圖 3.9　概念模式圖
（Norman, 2002）

　　雖然概念模式圖主要是用來解決產品設計在行為層次上的問題，但筆者認為這個論點亦可延伸至創意文化商品開發上。若以文化作為出發，設計師模式的基底將由一系列文化元素組成，透過系統影像，也就是創意文化商品，激起使用者對文化的情感與回憶。有別於諾曼的原意，在產品使用上追求設計師與使用者模式一致，在這裡，使用者在心理上的悸動可以是設計師給予的，亦能夠是使用者透過自身經驗而產生。換句話說，設計師的重點任務是透過創意產品來「觸發」使用者對文化的情感，自然而然地，共鳴也就產生在使用者與文化之間。一個廣為人知、特色鮮明的文化，商品的開發對象也就愈廣泛，觸動情感的門檻也愈低，簡單、創意成分不高的商品便能讓使用者產生情感上的連結，就如曾經提過的巴黎鐵塔造型鑰匙圈。反之，當一個文化知名度相對較低或領域較為專門，客群必然受到侷限，在共鳴的建立上，便須運用更多的創意與合適的、高品質的商品，讓使用者離開場域後，依然能透過商品憶起文化。因此，以何種方式來與對象建立連結便成為創意文化商品開發的關鍵。

　　就產品設計的觀點來看，一個優秀的產品開發，設計對象不應設定為普羅大眾，而是針對某些特定族群，理解他們的特色、喜好、需求，為其作出相應的設計，在創意文化商品上亦是如此。因此，在下一節中，將介紹兩項簡易操作且實用的設計方法，透過這些方法一方面釐清對象的特色，針對他們的需求，特別是心理層面，提供設計，另一方面找出商品應在什麼時機、以何種方式呈現。

3.3　創意文化商品設計與開發方法

　　人物誌（Persona）與使用者旅程地圖（User Journey Maps）是筆者推薦使用的兩個設計方法。在進入設計方法說明之前須再次強調，創意文化商品的精神在於文化，對文化的了解與元素的萃取是非常重要的一環，

這部分仰賴設計者的經驗與感受力，只能透過親身體驗或文獻閱讀與不斷地深入探討了解文化。對文化有一定理解的前提下，搭配這兩項方法來執行創意文化商品的設計開發才能達到令人驚豔的效果。

人物誌（Persona）

　　人物誌是以使用者為中心的設計方法。了解使用者是設計流程中非常重要的環節，若設計對象是所有人，得到的結果常是無法聚焦，沒有重點，產品設計應該極力避免。人物誌的操作可大致分為三個步驟：

　　1. 對象資料蒐集：訪談、田野調查。

　　2. 將對象分成三至五群：依照共通性、行為模式……等。

　　3. 建立原型人物的描述：單頁呈現，內容包含圖片、簡述、人物基本資訊。

　　首先以田野調查或訪談來找出可能的產品對象，並蒐集他們的特色與關聯。累積足夠訊息後再依照他們的共通性、行為模式進行適當的整合與分群，群數應該有所限制，三至五個群組是較為恰當的數量，可以藉由與設計主題的相關性來剔除不適合的群組。得到分群之後便可為每個群組進行綜合性的描述，藉此來創造出能夠代表該群體的原型人物。

　　原型人物的創造通常會以單頁方式呈現（圖3.10），以真有其人的方式為其作出簡介。首先替他起名並放上圖像，圖像可用繪製的方式呈現，避免和某真實人物產生連結，接著以簡短的文字來描寫人物的生活型態、行為偏好與價值觀，同時也可以條列的方式列出人物的其他基本資訊，例如：年紀、職業、學經歷、興趣、專長、居住地、特殊經驗、喜好物品等等，亦可加上一、二張輔助圖片來強化形象。必須注意，所羅列之訊息應與設計主軸相關為原則。人物描寫愈清楚、愈典型，愈能幫助設計師釐清設計目的，因此在田野調查與訪談的過程要盡可能地詳細。人物誌的製作用來歸納出設計案服務對象與其特質，在設計流程初期的定義目標、設計

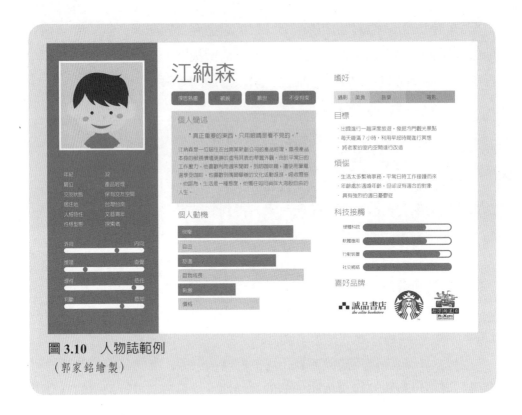

圖 3.10　人物誌範例
（郭家銘繪製）

概念非常有幫助，透過清晰的人格特質描述，設計師可以知道她／他們的行為、偏好、習慣，所以能準確地滿足她／他們的喜好，提供所需要的商品。誠如筆者先前提到，在創意文化商品的開發上，設計師的任務是要讓使用者與文化產生連結，若了解使用者的特性，當然就能更明確知道以什麼方式可以觸發使用者的情感。

使用者旅程地圖（User Journey Maps）

　　使用者旅程地圖是用來描繪使用者在某段時間內與一件產品或該產品相關人、事、物所產生的行為、互動和情緒變化。透過使用者旅程地圖，

可以將設計的視角從使用者本身的想法與經驗延伸到所有相關的情況上，讓設計議題更為廣泛與全面，同時知道在什麼樣的時間點會遇到什麼樣的狀況，進而找出破口讓設計從最佳切入點開始。使用者旅程地圖的執行方式包含以下步驟：

1. 人物設定。
2. 列出產品使用的關鍵時間點。
3. 列出接觸點（touchpoints）。
4. 關鍵時間點與接觸點描述。
5. 確認問題點、機會點與優先解決順序。

　　使用者旅程地圖和人物誌一樣，必須建立在完善且深入的訪談、田野調查的資料上。首先必須設定對象，這個步驟常以人物誌作為方法，以原型人物作為旅程地圖的主角。接著根據訪談或調查結果，將產品使用的關鍵時間點標記在水平軸向，時間點的設定不用侷限在產品使用的當下，可因應各種產品屬性加以延伸，例如：往前可以推至還沒接觸到產品時的廣告宣傳階段，往後移至產品用畢後的處理方式，像是收納、存放、回收丟棄等等，愈廣泛的時間軸向，可以發現更多的設計可能性，這是使用者旅程地圖主要的功用之一。在垂直軸向上，要列出與該產品相關的接觸點（touchpoints），接觸點指的是在產品使用的過程中可能會接觸到的關鍵人、事、物，例如：商店銷售人員、媒體、媒介、產品等等。此外，接觸點的內容亦可透過 AEIOU 觀察法作為輔助工具，將接觸點分別設定為五項：人的行為（activities）；脈絡的空間與環境（environment）；人與人或人與物的互動方式（interaction）；空間與環境中所包含的物件（objects）；使用者是誰，角色與相互間的關係如何（user）。當橫向的時間點與縱向的接觸點歸納完畢後，下一步便可讓旅人，即人物誌所歸納的原型人物，在地圖上開始旅行，從時間上的起始點走向終點，其中，不同的人物必然會與不同的接觸點產生迥異的互動模式，將路徑選擇與互動方式在地圖上以簡短的文字記錄下來，即可完成使用者旅程地圖的製作

（圖 3.11）。最後再歸納出要解決的問題、目標、切入方向，作為設計的
參考依據。

　　上述是使用者旅程地圖典型的使用方式，除此之外，觀察使用者在
每個時間點的情緒反應，亦可構成實用且有趣的地圖。執行方式很簡單，
將正負向情緒的程度量表放置在縱軸，接著觀察使用者在每個時間點與產
品或相關服務互動時的心情好壞，並標記在地圖上，如此便可以知道在哪
個環節使用者會感到高興或不悅，而每一次的不愉快，都可能是利用設計
來提供更好服務的機會點。宜家家居（IKEA）是個很有趣的例子，整體
來說宜家家居提供了很好的用戶體驗，但在逛完賞心悅目的展示區後，通
常會感到疲倦，同時煩惱也開始浮現，心裡盤算著要去哪找到產品、要多
少錢等等，而宜家家居也知道這一點，因此，立刻在動線上安排舒適的餐

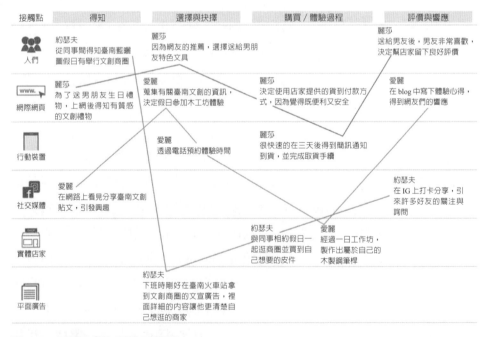

圖 3.11　使用者旅程地圖範例
（郭家銘繪製）

廳、休息區、廁所甚至小孩遊戲區，藉此緩和負面的情緒。接著，在一樓的倉儲中，狼狽的推著推車以及結帳，絕對是旅程中最不愉快的一環，宜家家居當然不能在最後一關讓消費者帶著這種心情離開，因此，在結帳櫃檯旁邊，他們用美味且價格非常便宜的冰淇淋、熱狗甚至免費咖啡來安撫消費者，讓心情由負轉正（Wójcicka, 2015）。這個例子可以看出如何透過使用者旅程地圖，來分析對象整個產品或服務流程當中強與弱的環節。

　　使用者旅程地圖不僅能運用在產品設計上，也很適合用於創意文化空間、場域或服務的設計。在設計開發當中，找出正確的命題、方向或是痛點，遠比解決手法重要，若切入設計的方向錯誤，常常只會得到徒勞無功的結果。而使用者旅程地圖最有效的地方，正是在幫助設計師找到一個最適合下手的時間點與相關的人、事、物甚至是產品本身。

　　人物誌方法主要用來定義產品使用者，包含其特質、行為、偏好；而使用者旅程地圖的目的是找出產品使用者、使用時間點與使用狀態這三者之間的關聯。因此，在創意文化商品開發上，透過人物誌可以讓使用者感興趣、能觸發其情緒、回憶的部分被突顯出來，再搭配使用者旅程地圖，找出最適合發揮的時間點與接觸點，兩者相互搭配，能夠準確地讓產品成為使用者與文化之間的橋梁。

創意文化商品範例

　　在本章最後一個段落，筆者將針對幾項創意文化商品：英國倫敦的三個紅色、德國薰香小木人偶（Räuchermännchen）、前東德行人號誌小人（Ost-Ampelmännchen）以及大家熟知的朕知道了紙膠帶，透過筆者的觀點來檢視文化、創意、商品是如何運用在這些作品上。

➤ 倫敦的三個紅色

　　歐洲有許多充滿歷史與文化的城市，英國倫敦是其中之一。不論是否造訪過倫敦，透過各式媒體也能感受到她獨有的街景元素，也就是在倫敦的三個紅色物件：公車、電話亭、郵筒（圖3.12）。這三個紅色比當地著名地標：倫敦鐵橋、大笨鐘，更貼近日常生活，更能描繪倫敦的生活文化，成為倫敦印象的代表。利用這個文化特色所創作出的文化產品非常多，最常見的就是造型磁鐵與餅乾盒、茶葉罐（圖3.13）。這類產品也許創意程度不高，或是說創意已經過時，但卻忠實呈現了當地的生活文化。它們對遊客的吸引力極高，不論在購買的當下或離開倫敦之後，只要看見這些物件，便能不斷傳達倫敦獨有的印象，這些印象即是使用者與文化之間的連結與共鳴。

圖3.12　倫敦紅色公車、電話亭、郵筒
（筆者攝影）

圖 3.13　倫敦特色運用於商品上
（筆者攝影）

➤ 德國薰香小木人偶（Räuchermännchen）

　　精湛的工藝技術早已是德國的代名詞，在創意文化商品上也能找到代表作品。德國薰香小木人偶（圖 3.14）是源自於德國與捷克間的厄爾士山脈（Erzgebirge）的民間工藝。德國薰香小木人偶通常可以拆成上、下兩部分，打開後在下半部放置薰香或蠟燭，透過人偶挖空的上半部，薰香或蠟燭的煙霧會通過人偶的嘴向外排出，形成人偶吐霧的樣貌。在德國的習俗中，薰香小木人偶是聖誕節的擺飾，從基督降臨節（Advent）起，家家戶戶開始布置，這些極具裝飾性的作品為家中營造出鄉村氛圍，讓室內散發濃濃的聖誕氣味。起初薰香小木人偶主題圍繞在該地區的傳統職業，例如：礦工、士兵、樵夫等等，而今日，從科學家到運動員都可以是創作空間。

　　筆者認為德國薰香小木人偶是優秀的創意文化商品。在文化面，它承載了厄爾士山脈的地區文化、德國境內聖誕節文化與德國在國際間高品質木作工藝文化，從地區到國際，都能感受到它的影響力。在創意的表現

圖 **3.14**　德國薰香小木人偶
（筆者攝影）

上，木人偶的故事主題與背景能與時俱進，不斷進化，人偶身上的配件、
服裝、物件等等，亦可以發現許多匠心獨具的裝飾以及別出心裁的木作技
法，這些創意細節為作品增色的同時，也再次強化德國工藝文化的形象。
在文化意涵的傳遞上，對德國人而言，它能喚起聖誕節的氣氛，是真實生
活的一部分，對收藏家或遊客來說，是德國工藝與生活的代表，而不論對
象是德國人、蒐藏家或遊客，透過它所建立起來的文化連結是清晰、明確
且穩固的。

➤ 前東德行人號誌小人（Ost-Ampelmännchen）

帶著小扁帽的行人號誌小人在 1961 年開始出現在前東德地區，綠色
大步走的小人代表通行，紅色立正的小人代表止步（圖 3.15）。為了教
育大眾道路規則，在東德時期，政府還曾用它當主角，以卡通方式來製作
教育宣傳影片。今日，對許多德國人而言，這組號誌是前東德的象徵物之

一，紅、綠色小人隱含的意義遠遠超過了交通號誌，它代表著兩德分裂的時期、東德的生活型態、全民的交通教育等等。目前德國政府將這組號誌保留下來，在前東德地區繼續使用，甚至一些前西德的城市也特地將行人號誌更改爲此，可見這組紅、綠色小人在德國文化中的地位。基於如此深厚的文化與情感連結，它衍生出不計其數的創意文化商品（圖 3.16）。不論這些商品的創意與品質如何，在德國人心中總會留下位置給這組號誌，至少目前還是如此；而對於其他國家的人來說，至少這組德國特有的號誌造型很特別、可愛且吸睛。

圖 3.15　前東德行人號誌小人
（筆者攝影）

圖 **3.16**　前東德行人號誌小人商品應用

（杜文心攝影）

➤ 朕知道了紙膠帶

　　以康熙朱批為原型設計的紙膠帶，也是筆者認為非常成功的創意文化商品（圖 3.17）。在文化上，它富含許多意義，例如：清朝、康熙皇帝、宮廷文化、書法文化等等，這些意涵又以巧妙的方式呈現在紙膠帶這個產品上。紙膠帶非常適合與這個創意結合，因為紙膠帶使用容易，不需要剪刀即可撕下，因此它能成為隨身攜帶的文具用品，實用性高。在使用上饒富趣味，貼上膠帶的同時，就好似自己是康熙皇帝拿著毛筆在批示奏摺。因為這個商品的成功，之後也推出各種紙膠帶的設計，坊間也出現類似商品，例如：謝主隆恩紙膠帶、符咒紙膠帶，故宮也以「朕又來了」為主題，推出其他商品。這個商品的市場廣泛，不僅侷限於臺灣，也不只有年輕人，只要對中華歷史有所了解的人，都能感受到這項產品的幽默風趣。隨著銷售，它所承載的文化也在無形中以另一種方式保留、傳承下去。

圖 3.17　故宮「清康熙朕知道了紙膠帶」
資料來源：「故宮精品」網路商城網址：http://www.npmshops.com

3.4　小結

　　本章最後，筆者透過圖 3.18 對創意文化商品作總結，這個圖顯示了創意文化商品所包含的項目與最終目標。圖的上半部呈現的是創意文化商品的構成，文化所扮演的角色就如同產品的原料，一個成功的創意文化商

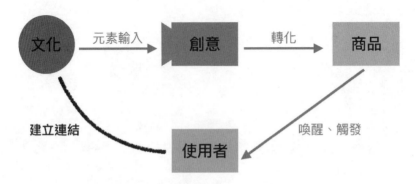

圖 3.18　文化、創意、商品與使用者之關係
（筆者自行繪製）

品必須以文化為基礎，並依此作為創意手法的輸入元素，經由創意手法轉換後，最終才形成商品。而下半部則說明商品的作用在於喚起、觸發使用者對於一個文化的記憶與認識，當使用者也認同這個創意文化商品時，與文化之間的連結於是建立起來，而這也是創意文化商品開發所追求的最終目標。然而，每個人對於文化的理解不盡相同，感受能力也會隨著生活環境與背景有所差異，因此透過方法，例如：人物誌，來了解使用對象的特色，再透過使用者旅程地圖，找出關鍵的切入點，來為其開發合適的商品，才能真正為文化與使用者搭起一座橋梁。所以，商品必須包含文化內涵與創意手法，同時也要考慮對象、商品與文化之間的關係，如此才能真正開發出優秀的創意文化商品。

參考文獻

中文部分

王受之（1997）。世界現代設計。臺灣：藝術家。

林育如譯（2010）。包浩斯 Bauhaus（原著：F. Whitford）。臺灣：商周出版。

林榮泰（2009）。創意文化產品設計：從感性科技、人性設計與創意文化談起，人文與

社會科學簡訊，**11**（1）：32-42。

胡佑宗譯（1998）。工業設計：**產品造型歷史、理論及實務**（原著：B. E. Burdek）。
　　臺灣：亞太圖書。

蔣國英譯（2007）。**創意心理學——探索創意的運作機制，掌握影響創造力的因素**（原
　　著：T. Lubart）。臺灣：遠流。

盧永毅、羅小未（1997）。**工業設計史**。臺灣：田園城市。

英文部分

Hofstede, G., Hofstede, G. J., & Minkov, M. (2010). *Cultures and Organizations: Software
　　of the Mind* (3rd ed.). New York: McGraw-Hill.

Norman, D. A. (2002). *The design of everyday things*. New York: Basic Books.

Norman, D. A. (2005). *Emotional design: why we love (or hate) everyday things*. New
　　York: Basic Books.

Wójcicka, D. (2015, September 9). 10 most interesting examples of Customer Journey
　　Maps. Retrieved June 8, 2018, from http://blog.uxeria.com/en/10-most-interesting-
　　examples-of-customer-journey-maps/

Chapter 4
創意文化空間中文化資產場域的功能及應用

➤ 林思玲

4.1　文化資產與文化遺產

在臺灣，「文化資產」（cultural property）有時可泛指具文化與歷史意義的各種人、事、物。若嚴謹定義「文化資產」，則是指經《文化資產保存法》（Cultural Heritage Preservation Act）第三條中的規定，具有歷史、藝術、科學等文化價值，並經指定或登錄之有形與無形文化資產。在國際間，大多使用「文化遺產」（cultural heritage）這個詞。臺灣跟國際一樣，文化資產或文化遺產也是區分為有形文化資產或有形文化遺產（tangible cultural heritage）；無形文化資產或無形文化遺產（intangible cultural heritage）。若是經過聯合國教科文組織所登錄的遺產類型，則有文化遺產、自然遺產與複合遺產等世界遺產（World Heritage），以及無形文化遺產（Intagible Culture Heritage）。

因此，在臺灣若是歷史空間依《文化資產保存法》程序被指定或登錄為「古蹟」、「歷史建築」、「紀念建築」、「聚落建築群」、「考古遺址」、「史蹟」、「文化景觀」等有形文化資產項目，這個歷史空間就會被嚴格定義為「文化資產」。因此，具文化資產身分的歷史空間可能為一棟「古蹟」或「歷史建築」；或者是一處「遺址」；或是一整個「聚落建築群」；或是一個大範圍的「文化景觀」或「史蹟」。歷史空間若為具法定身分的文化資產，其管理與維護就需要受到文化資產相關法令的規範。例如：在《文化資產保存法》規範各類文化資產保存的主要原則；在《古蹟修復及再利用辦法》內就有提到修復再利用的相關事項；在《古蹟管理維護辦法》規範古蹟日常維護項目與方式。這些具有文化資產身分的空間場域，近年來成為了創意城市重要的元素，展現了許多文化經濟的現象。在本文中，稱這些具有文化資產身分的歷史空間為「文化資產場域」。

4.2　文化遺產與文化經濟、創意城市的關係

　　在文化經濟與創意城市的相關理論與發展之中，永遠缺少不了文化遺產這個重要的元素。文化遺產是文化的產物，在文化遺產中所發生的經濟現象或者文化創意，自然會成為文化經濟與創意城市的一環。

　　近年來的西方文化理論或經濟理論開始探討文化與經濟兩者的關係，進而延伸文化經濟的相關議題，澳洲學者 David Throsby 為最著名的學者之一。他是一位經濟學家，因教授「藝術與經濟」這一門課程，衍生了對於文化中經濟現象的相關探討。在《經濟與文化》（*Economics and Culture*）這本書裡，他提醒了須從文化（culture）、文化商品（cultural goods）、文化制度（cultural institutions）、文化產業（cultural industries）、創意（creativity）、象徵意義（symbolic meaning）、智慧財產權（intellectual property）等字串的理解為基礎，來了解文化經濟的各種現象（David Throsby, 2001: 3-4）。資本的種類，從最開始傳統經濟學角度所關注的物質資本（physical capital），例如：工廠、機械設備、建築物等，再發展出人力資本（human capital）、自然資本（natural capital）、文化資本（cultural capital）。Throsby 進一步解釋，所謂文化資本作為一種資產，除了它可能擁有的任何經濟價值外，還體現、儲存或提供文化價值。文化資本可以分為有形（tangible）與無形（intangible）兩大類（David Throsby, 2001: 46）。

　　在城市的角度上，Throsby 進一步指出，思考城市文化政策的問題，通常會將所牽涉到的範圍區分成兩大群體，分別是文化公共設施的供應，及鼓勵創意產業與文化活動。為了評估文化公共設施在城市文化生活的角色，可以把城市成長與更新的脈絡想成是以下各種資本的集合，這些資本分別是物質資本（建築物、經濟的公共設施）、自然資本（自然資源、城市所仰賴維持環境整體的生態系統）、人力資本（城市居民的技術與能

力）、文化資本（有形與無形文化資產）。爲了城市發展所產生的投資，則有下列幾項意圖，包括：對於上述其中一個或者多個資本創造新資產；藉由管理來改善既有資產的效率；或者更新、修復、回收、再利用舊的資產，這些舊的資產即爲文化遺產（David Throsby, 2010: 133）。因此，文化遺產在城市文化政策上是重要的一項資本，並且能藉由更新、修復、回收、再利用，來促進城市的發展。若從文化遺產在創意產業的範疇中對經濟的貢獻來看，Throsby 認爲可區分爲四個同心圓的範疇來看，分別是：內核心創意藝術（core creative arts）有文學、音樂、表演藝術、視覺藝術；中核心文化產業（other core cultural industries）有電影、博物館、藝廊與圖書館、攝影；外核心文化產業（wider core cultural industries）有遺產服務、出版與印刷媒體、聲音錄製、電視廣播、電玩遊戲；相關的文化產業（related industries）有廣告、建築、設計、時尙（David Throsby, 2010: 92）。由此可知，屬於廣義文化產業的文化遺產所衍生相關的服務或商品，對於城市發展創意產業或文化產業是具有經濟貢獻的價值。

倫敦市所出版的《世界城市文化報告 2013》（*World Cities Culture Report 2013*）如此定義城市的文化遺產：「一個城市的文化遺產可以被認爲包含很多東西。本報告認爲包括博物館（museums）、畫廊（galleries）、檔案館（archives）、遺產地（heritage sites）和公共綠地（public green spaces）。從某種意義上說，它們都是一座城市的文化遺產，往往是前幾代居民所建立的。因此，它們反映了這座城市的歷史。」（BOP Consulting, 2014: 41）許多城市利用文化遺產讓現代的生活更活躍，例如：柏林博物館島和雪梨歌劇院。其中一些世界遺產還包含著名的建築物，例如：巴黎的世界遺產，包括塞納河兩岸，有羅浮宮、艾菲爾鐵塔、巴黎聖母院、榮軍院和協和廣場等；而在里約熱內盧則遍布整個城市。每個城市都有具歷史意義的重要場所或建築，具有歷史意義的重要場所或建築的定義在很多城市雖有所不同，但數量都是非常大的：伊斯坦布爾（Istanbul）約有 30,000 個；倫敦約有 19,000 個；阿姆斯特丹約有 16,000 個；

柏林約有 9,000 個。對於具有歷史意義的重要場所或建築定義上的差異，反映了不同國家對遺產和現代性的不同態度。這些世界遺產場所對遊客和居民來說同樣重要，有助於賦予每個城市獨特的個性。近年來許多城市，例如：柏林和巴黎有「遺產開放日」（Heritage Open Days）或倫敦有「開放日」（Open House），能夠讓更多民眾進入這些建築（BOP Consulting, 2014: 42）。因此，倫敦將城市文化指標訂為六項，分別是：文化遺產（cultural heritage）、文學文化（literary culture）、表演藝術（performing arts）、電影和遊戲（film and games）、人和人才（people and talent）、文化活力和多樣性（cultural vitality and diversity）（BOP Consulting, 2014: 36）。由此可知文化遺產在城市文化發展的重要性。

此外，Thomas A. Hutton（2016: 339-340）提到，城市文化經濟增長的一個關鍵供應方面是提供創造性教育、培訓、生產和消費的空間（土地和建築）型式。在大多數情況下，提供給創意活動的空間型式是重建或重新使用城市內現有的土地和建築物。他認為，建築文化環境的歷史遺產包括畫廊、博物館和展覽空間等能引起共鳴的建築物，形成了巴黎、佛羅倫斯、布拉格、聖彼得堡、紐約等城市的標誌性特色。城市的文化產業大部分會利用現存的建築和空間，而不是為了這些目的所興建的建築物。由此可知，文化遺產為創意產業進駐的主要場所，也因此了解創意城市需要大量保存文化遺產，以作為生產的基地。

4.3 文化遺產的創意可增進城市的發展

「文化遺產是城市可持續發展的關鍵因素」這個重要的特徵，早在 2011 年「國際紀念物與歷史場所委員會」（International Council on Monuments and Sites，以下簡稱「ICOMOS」）第 17 屆會議中就已被討論。會議中產生了「遺產作為發展動力」（Heritage as a Driver of Development）的巴黎宣言（Paris Declaration），其共識是文化遺產是一種脆弱、重要和不可再生的資源，必須為了現在和未來的一代而加以護衛。因此文化遺產以作為辯識性的價值及作為歷史、文化和社會記憶的載體，透過其真實性、完整性和地方感而保存，這構成了發展過程的一個關鍵因素。會議的結論是文化遺產在可持續發展的背景下發揮的關鍵作用，與社會凝聚力、福祉、創意、經濟吸引力及促進社區之間的理解有關。這也清楚地揭示了文化遺產與經濟發展之間密不可分的關係。[1] 巴黎宣言提到文化遺產與經濟的關係，指示了三點：第一點為「加強對遺產保護經濟影響的認識」（Fostering a better understanding of the economic impact of heritage conservation）；第二點為「促進遺產對經濟發展和社會凝聚力的長遠影響」（Promoting the long term impacts of heritage on economic development and social cohesion）；第三點為「發展遺產的經濟影響」（Developing the economic impact of heritage）。[2]

　　ICOMOS 在 2016 年 2 月 15 日所發表的「文化遺產、聯合國可持續發展目標與新都市議程」（Cultural Heritage, the UN Sustainable Development Goals, and the New Urban Agenda），是由 ICOMOS 轄下幾個科學委員會所共同準備，是為了呼應聯合國所發表「2030 年可持續發展議程」（The 2030 Agenda for Sustainable Development）內的指標。這是聯合國首次將文化遺產納為可持續發展評估的項目之中。在這份可持續發展議程裡明確承認，城市在促進可持續發展方面的重要作用側重於人民和尊重人權，可持續發展目標將在未來 15 年成為世界各國發展基準。[3]「2030 年可持續發展議程」包括 17 個目標，其中的一個具體目標，即是達成「使城市和人類住區具有包容性、安全、可持續性」，而文化和創意即是達成這目標所採取的重要手段之一。在地方層級上，文化和創意是每天生活所實踐的。因此，它通過刺激文化產業、支持創造、促進公民和文化參與，讓公部門與私部門及民間社會的合作能夠發揮作用，支持更可持續的城市發展並且適合當地居民的實際需要。[4]

　　因此，ICOMOS 在「文化遺產、聯合國可持續發展目標與新都市議程」裡提到，文化遺產保存必須在都市社區可持續發展的目標下來思考策略。在一個城市文化遺產數量愈來愈多的情況下，經濟面的思考也日益重要。由此可知 ICOMOS 對於保存經濟的態度。議程主張將文化和文化遺產納入城市發展計畫和政策，以作爲提高城市地區可持續性的一種方式。由於當前社會經濟、環境和政治環境中的一些條件、挑戰和機遇，對文化遺產保護和可持續發展的議題已經出現，所有這些都必須納入文化遺產保護的方法。最重要的是確認我們目前的都市化狀況，需要更人文和生態的發展概念模式的新興需求，意味著文化和文化遺產／景觀在實現可持續發展城市這一新的人文和生態模式方面發揮關鍵作用。因此，聯合國認爲融合文化遺產的城市發展更具可持續性、更多樣化、更具包容性。這種方法有助於創造綠色經濟，增強可持續性，提供幫助扶貧的就業機會。此外，遺產的再利用和活化有助於促進循環過程，這是可持續發展的關鍵特徵，也是推動向當地「經濟脫碳」（de-carbonization）過渡的下一個「再生」（regenerative）城市經濟。最後，與可持續城市發展相結合的遺產保護，有可能團結人們走向實現社會凝聚力和和平的目標。[5]

　　創立於 1964 年的「聯合國貿易及發展會議」（United Nations Conference on Trade and Development，以下簡稱 UNCTAD）也關注到與創意有關的經濟活動。從 2008 年開始，即針對與創意有關的經濟商品與服務進行統計。[6] UNCTAD 對於創意經濟的解釋指出，創意經濟是一個新興的概念，處理創意、文化、經濟和技術之間的界面，存在於由圖像、聲音、文本和符號所支配的當代世界中。今日創意產業是世界經濟中最具活力的部門之一，爲發展中國家跨入世界經濟新興且高增長的領域提供了新機會。[7]

　　此外，「聯合國教科文組織創意城市網絡」（The UNESCO Creative Cities Network，以下簡稱 UCCN）創立於 2004 年，致力於促進將創意視爲可持續城市發展（sustainable urban development）爲策略因素的國家能

彼此合作。這些國家共同肩負著同一使命：使創意和文化產業成為地區發展策略的核心，同時積極開展國際合作。截至 2018 年 4 月為止，該網絡已由 72 個國家的 180 個城市共同參與構成，涵蓋七個領域：手工藝與民間藝術（Crafts & Folk Art）、設計（Design）、電影（Film）、美食（Gastronomy）、文學（Literature）、媒體藝術和音樂（Music and Media Arts）。[8] UCCN 指出當今城市推動創意的目的，係因城市地區是當今制定新的策略、政策和舉措的主要滋長地。透過刺激增長和創新，促進社會凝聚力、公民福祉和文化間對話，使文化和創造成為可持續發展和城市更新的驅動力。並且透過這種方式，城市可因應經濟危機、環境影響、人口增長和社會緊張等重大挑戰。今天的城市擁有世界一半以上的人口；三分之一的經濟活動，都與創意經濟有關。[9] 由 UCCN 發展創意城市網絡的目標說明可知，城市的文化與創意是達到城市可持續發展的重要手段，這也直接說明了聯合國對於在 2030 年讓全球的城市達到可持續發展的目標之下，增進城市的文化積累與創意的開發成為了重要的發展方向。

4.4　文化遺產在城市發展的文化價值、經濟價值與可持續性

　　Throsby 利用經濟學的視角，將文化遺產視為一項文化資本。身為文化遺產的歷史性建築具有文化價值（cultural value），這也是讓文化遺產與其他一般建築物不同之處。進一步而言，Throsby 認為文化遺產具有的價值，可分為經濟價值（economic value）與文化價值。經濟價值又可分為使用價值（use values）、非使用價值（non-use value）與外部效益（beneficial externalities）。使用價值（use values）指的是直接使用文化遺產的價值；非使用價值包括存在價值（existence value）、選擇價值（option value）、遺贈價值（bequest value）等非直接使用文化遺產而產

生的價值。外部效益則是指因文化遺產保存所產生外溢的正面效果（Da-
vid Throsby, 2010: 107-113）。

　　臺灣所施行的《文化資產保存法》第三條指出，本法所稱文化資
產，指具有歷史、藝術、科學等文化價值，並經指定或登錄之有形及無
形文化資產。因此，文化遺產具有歷史、藝術、科學等三種文化價值。
在 Throsby（2010: 28-113）的看法中，文化遺產的文化價值則區分為美學
價值（aesthetic value）、精神價值（spiritual value）、社會價值（social
value）、歷史價值（historical value）、象徵價值（symbolic value）、真
實性價值（authentic value）、區位價值（locational value）。所謂美學價
值是指文化遺產展示了美學與平衡等美感；精神價值是指文化遺產讓人對
於某種特殊信念或信仰產生連結；社會價值是指文化遺產分享了一個社群
共有的價值與信念；歷史價值是任何遺產的本質，是文化價值中最容易辨
識的；象徵價值與文化商品的通性有關，為傳遞文化意義的媒介；真實性
價值是說明遺產是真實且獨一無二的要素。最後的區位價值，則可以說明
遺產與所在地之間文化的現象。將文化遺產視為創意城市發展的資本，我
們可以從這些不同類型的價值來探討文化遺產在創意城市的意義。此外，
這些價值還有特殊的經濟學方法可以轉由貨幣值來加以計算。

　　若將文化遺產視為文化資本，能夠長時間去使用的一項資產，這樣
的狀況很自然地就會連結到可持續發展的議題，也就是文化遺產的管理
必須具有可持續性。可持續發展的標準定義，起源於「布朗特蘭報告」
（Brundtland report），[10] 指的是對於自然資源的供應，對於現世代所提
供的需求，須在不危及下世代使用之下，所採取的管理方式。也就是對每
個世代都是採取公平對待的方式。因此若以此定義應用在「文化的可持續
性」（cultural sustainability），則為包含有形的與無形的文化資本的管
理，因為這些文化資本是我們從祖先所承襲，並且需要傳承給下世代。也
就是對於文化資本的管理須關注在世代公平（intergenerational equity）與
同世代間公平（intragenerational equity），[11] 也就是不同的社會階層、收

入族群、地區性團體等須能公平地連結到文化遺產的服務；再者就是維持文化多樣性，以及對於文化遺產的風險威脅必須進行預防性的管理（David Throsby, 2010: 113-114）。

在前文所提到「2030年可持續發展議程」中，「聯合國居住可持續發展目標」（UN Habitat's Sustainable Development Goals, SDGs）中的指標 11.4.1「World Heritage」，評估指標為花費在保護和保護所有文化和自然遺產方面的人均花費（公共和私人）總額，計算方式將顯示遺產類型（文化、自然與複合遺產）、政府級別（國家、地區和地方／市政）、支出類型（經營支出／投資）和私人資金類型（捐贈、私人非營利部門、贊助）。該指標說明了地方、國家和國際層級、與民間社會組織（Civil Society Organizations, CSO）和私營部門合作，共同為保護世界文化和自然遺產的財務上的努力與行動，會直接影響城市和人類住區的可持續性。這將代表自然與文化資源得到了保障，並用以吸引人們（居民、工人、遊客等）和金融投資，最終提高總支出。[12] 這也說明了文化遺產保存再利用與城市經濟發展的關聯性。

因此，這樣的可持續性指標，就衍生 ICOMOS 在「文化遺產、聯合國可持續發展目標與新都市議程」所提到的「私人和公共直接支出文化遺產和文化活動占國內生產總值的百分比」、「從事文化和自然遺產部門活動和服務的人數占總就業人數的比例」、「在國家層級及歷史城市地區承認聯合國教科文組織的歷史城市景觀方法（the UNESCO Historic Urban Landscape, HUL），並在國家層級之次一級使用歷史城市景觀方法」、「將遺產保護與城市發展計畫和政策相結合」、「增加指定文化區的數量」、「在規劃政策中承認和保護傳統的街道和開放空間模式」[13] 等保護文化遺產的策略。

4.5　文化資產場域的創意經營規劃

　　Throsby（2010: 100-101）指出發展文化產業的策略，在經濟面向有四點：(1) 小型商業的發展（small business development）；(2) 管理的基礎措施（regulatory infrastructure）；(3) 創新的政策（innovation policy）；(4) 教育與訓練（education and training）。在文化面向則是須以藝術政策作爲文化產業政策的必需原料。然而在創意與商業化開發之下，文化遺產經營商業須顧及文化遺產價值的維護，才不會因過度商業化導致遺產價值的喪失。ICOMOS 澳大利亞國家委員會在 1979 年 8 月 19 日於南澳大利亞布拉通過採行《布拉憲章》，此提供了具有文化重大意義的文化遺產場所，在維護與經營管理上的指引。憲章裡還提到「經營管理一個地方之政策必須根基於對其文化重大意義之了解。」因此，文化遺產在文化創意上的應用，必須要能充分理解文化遺產的價值後，才能開發出不違背遺產價值的創意經營方式。

文化創意作爲驅使文化資產場域在可持續性城市發展的動力

　　臺灣在 2010 年頒布實行《文化創意產業發展法》，本法第三條即明列第三項文化創意產業爲「文化資產應用及展演設施產業」。在 2015 年所補充的《文化創意產業內容及範圍》，將「文化資產應用及展演設施產業」的範圍訂定爲「指從事文化資產利用、展演設施（如劇院、音樂廳、露天廣場、美術館、博物館、藝術館／村、演藝廳等）經營管理之行業。」且「所稱文化資產利用，限於該資產之場地或空間之利用。」[14]因此，具文化資產身分的場域利用，明確成爲臺灣文化創意產業的類別之一。

再者，近年來臺灣公私部門積極推動「文化資產保存」政策，在保存推展過程中民眾進而認識自己所屬的生活環境，大大提升民眾的社區意識與地方認同。文化資產場域及老房子的維護與再利用，頓時成爲許多城市提升地方觀光知名度和競爭力的策略。昔日的臺灣人不太喜歡使用老房子，總是偏好將舊的房子拆掉，蓋新的房子來使用。一直到最近十年，在臺灣興起文化創意產業，文化經濟的效益帶動了使用老房子的風潮。

在文化創意產業推動下，文化資產場域再利用與文化創意相結合，產生了一些成功的案例。例如：古蹟臺南林百貨、臺南知事官邸，以及利用閒置臺南仁德糖廠園區經營的十鼓仁糖文創園區、利用花蓮酒廠空間的花蓮文創園區 a-zone 等場域開發讓老建築風華再現，引入文創以創新理念引領風潮。臺南林百貨五層樓黃褐色典雅建築，曾是南臺灣首屈一指的百貨公司，每到過年會從窗臺灑下糖果，老房子蘊藏著臺南人共同記憶。臺南知事官邸則是另一棟重要的日治時期文化資產，這兩棟文化資產目前都由高青開發所經營，透過文化創意的巧思，成爲臺南新的文化地標。臺南十鼓文化村與花蓮文化園區保留許多當時工廠生產設施與廠房，透過經營者對於工業遺產價值傳遞的理念，結合文創藝術與工業生產的歷史文化，碰撞出令人驚豔的火花。

在國外，也有老建築創意活化的計畫在進行著。香港的「活化歷史建築伙伴計畫」（Revitalising Historic Buildings Through Partnership Scheme）已注意到文化資產場域再利用與文化創意相結合的重要性。香港透過具競爭性的程序邀請非公部門組織提交老建築的建議書，並根據以下準則選出營運者：(1) 彰顯文物的歷史價值及技術方面的能力（reflection of historical value and technical aspects）；(2) 創意產業價值、社會價值及營運社會企業的能力（creative industries value, social value and social enterprise operation）；(3) 財務可行性及其他考慮因素（financial viability and other considerations）；(4) 管理能力及其他考慮因素（management capability and other considerations）。這其中在 2008 年成立的非營利組

織「香港遺產維護基金會有限公司」（The Hong Kong Heritage Conservation Foundation Limited），以具創意的概念將「舊大澳警署」再利用爲一個富有殖民地色彩，並且擁有環海美景的主題精品酒店。該主題精品酒店是以活化歷史建築伙伴計畫爲名的第一期個案，將興建於 1902 年，屬於香港三級古蹟的「舊大澳警署」改建成「大澳文物精品酒店」。改建後的酒店將有九間套房、一間屋頂咖啡座、一間圖書館，以及一個用以展示舊大澳警署歷史的展覽場地。[15] 透過文化創意的結合，文化資產保存活化了其原本功能與價值，文化傳承有了新的風貌，遺產不再是沉重的歷史負擔，文化被視爲是一種新興的經濟產業資本。重視文化經濟所產生的影響力，將是現在與未來文化資產保存一項很重要的任務。再者，文化創意作爲驅使文化資產場域在可持續性城市發展的動力，必須建立在三個層級的基礎上：第一個層級是文化資產場域保存必須獲得國家文化政策的支持；第二個層級是文化資產場域保存必須獲得場域所在地區的支持；第三個層級是文化資產場域保存必須要有很好的空間維護原則。如此才能讓文化資產場域在良好的保存條件下，讓文化價值發揮成無限的創意，創造城市經營的亮點。

　　所謂「文化創意產業」，在《文化創意產業發展法》第三條說明：「本法所稱文化創意產業，指源自創意或文化積累，透過智慧財產之形成及運用，具有創造財富與就業機會之潛力，並促進全民美學素養，使國民生活環境提升之下列產業。」在經濟學中，產品的專業名詞叫作「產業」（industry）（張清溪等，2010：333）。當文化資產可視爲一種「文化資本」（cultural capital），這項資本經過適當的生產過程形成各種產品，部分可透過金錢買賣而流通。此外，文化創意產業的另一項重要的特徵，即是「創意」，也就是所謂「透過智慧財產之形成及運用」。

　　文化資產中「資產」傳達的是一種社會承襲功能，也扮演了自我認同的重要媒介。文化資產對於文化創意產業來說，爲文化創意產業的「資本」（capital），所謂的應用也就是這項資本轉化成可生產的功能。文化

資產在文化創意產業的應用,即是一種活化再利用。因此,文化資產可視為原始而沒有被商品化的資本,所謂文化資產在文化創意產業的應用,也就是在文化資產這項資本的基礎上,藉由人類之創意,發展出具文化象徵意義之產品。我們要討論文化資產之文化創意產業應用,不僅要了解文化資產本身之文化價值與意義,更重要的是認識這項產業如何被生產與行銷的過程(林思玲,2016:174-175)。

在《文化創意產業發展法》中所規範的 16 項文化創意產業之一「文化資產應用及展演設施產業」,在前文所提的定義下,這個文創產業的類別指的是具文化資產身分的建築空間被再利用,其實這也就是以往文化資產保存界在談論的空間類文化資產再利用。

若是在這樣的一個定義下,思考本文所要討論的內容,難免有些狹隘,無法清楚解釋文化資產場域再利用中,文化創意產業的產業應用與發展現象。因此,本文認為,文化資產場域再利用中的文化創意產業的產業發展現象,應可分為兩大類:一為「文化資產場域當作文化創意產業的載體」;另為「以文化資產場域為主題開發文化創意產業」。此外,也有在文化資產場域被當作文化創意產業的載體,並且同時以文化資產場域為主題開發文化創意產業的第三類情形,也就是「前兩類的情形同時在一個文化資產場域中產生」。

在文化資產場域再利用朝向文化創意發展的方向上,對於文化資產保存與文化創意的開發與經營,是現今文化資產場域經營上所須具備的重要的能力。具體能力包含了解文化資產保存概念及現行法規與實務上的運用和限制,並且具備文化資產場域空間上創意規劃的能力。因此,文化資產場域經營的能力具備多元且跨領域的特徵。

臺南林百貨結合文化創意成為
文化資產再利用的成功案例

（2014 年作者拍攝）

臺南知事官邸結合文化創意成
為文化資產再利用的成功案例

（2015 年作者拍攝）

花蓮文創園區利用酒廠空間發
展文化創意

（2015 年作者拍攝）

臺南十鼓仁糖文創園區結合製
糖產業機具發展文化創意

（2016 年作者拍攝）

臺灣公有文化資產場域空間經營權的取得方式

在臺灣，大部分的文化資產場域都是公有的。若要經營文化資產場域，必須先取得經營的許可。取得場域空間的經營權方式大致有下列幾種方式：

➤ 由公部門直接或間接經營

所謂公部門直接經營，是指從再利用規劃設計，到後來的使用與日常管理維護，都由公部門來進行相關工作，例如：國定古蹟臺南市國立臺灣文學館就是由文化部直接經營。或者如公營機關所有的文化資產，例如：由高雄港務局經營管理的高雄港史館；或臺灣糖業所屬各地糖廠再利用的古蹟或歷史建築。此外，公部門間接經營指的是由公部門設立的基金會來進行經營管理，例如：臺北市古蹟西門紅樓就是由臺北市文化基金會所經營。這種由公部門直接或間接經營的方式，有時被稱為「公辦公營」。

➤ 委託民間經營管理

《文化資產保存法》第 21 條提到「古蹟、歷史建築、紀念建築及聚落建築群由所有人、使用人或管理人管理維護。所在地直轄市、縣（市）主管機關應提供專業諮詢，於必要時得輔助之。公有之古蹟、歷史建築、紀念建築及聚落建築群必要時得委由其所屬機關（構）或其他機關（構）、登記有案之團體或個人管理維護。」因此，根據《文化資產保存法》的規定，公有文化資產是可以委辦的方式讓其他合適的單位或個人來管理維護經營。關於這部分的委辦業務，主要的法源來自於行政院在 2000 年頒布《促進民間參與公共建設法》（以下簡稱《促參法》）。透過委辦的方式可解決政府經營文化資產場域的財務與人力限制的問題。

在《促參法》相關的法條中明訂，民間參與方式以 BOT、無償 BTO、有償 BTO、OT、ROT、BOO 與其他經主管機關核定之方式等

七種爲主，其中 ROT 與 OT 是應用在文化資產場域方面最多的模式。促參案的執行，通常可切割爲以下的階段：從無到有的興建階段稱爲 B（Built）；整修或擴建階段稱爲 R（Rehabilitate）；取得所有階段稱爲 O（Own）；營運階段也稱爲 O（Operate）；轉移階段稱爲 T（Transfer）。再由兩個以上的階段來組成一個促參案，並且基於促參案主要是要引進民間活力爲目的，通常每個促參案都會包含營運階段（Operate）。在《促參法》規定了以下的營運方式：

　　1. BOT：民間機構投資新建並爲營運；營運期間屆滿後，移轉該建設之所有權予政府。

　　2. 無償 BTO：民間機構投資新建完成後，政府無償取得所有權，並由該民間機構營運；營運期間屆滿後，營運權歸還政府。

　　3. 有償 BTO：民間機構投資新建完成後，政府一次或分期給付建設經費以取得所有權，並由該民間機構營運；營運期間屆滿後，營運權歸還政府。

　　4. ROT：民間機構投資增建、改建及修建政府現有建設並爲營運；營運期間屆滿後，營運權歸還政府。

　　5. OT：民間機構營運政府投資興建完成之建設，營運期間屆滿後，營運權歸還政府。

　　6. BOO：配合國家政策，由民間機構自行備具私有土地投資新建，擁有所有權，並自爲營運或委託第三人營運。

　　7. 其他經主管機關核定之方式。

➤ 建築物與土地採標租方式

　　近年來有些公部門所有的文化資產場域，會採用標租方式讓民間承租。這種標租方式通常承租者須支付租金、權利金或標租金等費用，並與縣市政府訂定租賃契約，履行之責任義務以租賃契約規定爲主。

　　例如：金門國家公園管理處（Kinmen National Park）積極推動傳統

建築保存工作，除鼓勵並補助聚落居民自行修復傳統建築外，並自 1998
年起開始推動傳統建築地上經營權設定工作。將具保存價值且居民無能力
自行修復之傳統建築設定予管理處 30 年，由管理處修復並活化利用，規
劃為展示館、民宿或特色賣店等。為提升文化資產修復及活化再利用，及
委託經營民宿與特色賣店業者之經營績效，金門國家公園管理處持續辦理
金門國家公園古厝民宿暨賣店經營輔導及評鑑，藉由輔導及評鑑機制，建
立金門國家公園古厝民宿品牌，累積文化資產修復再利用案例經驗。相關
案例如位於瓊林聚落內的民宿。瓊林聚落位於金門國家公園範圍之內，
2004 年被登錄為金門縣的文化資產。民宿為傳統閩南式合院改建，正廳
作為起居室，兩側廂房多改建成房間，設有浴廁間與簡易廚房。

金門瓊林聚落內的民宿

（2011 年作者拍攝）

　　再如屏東縣勝利新村（Shengli New Village）的案例。屏東縣政府希
望能將眷村文化園區之歷史建築委託民間經營、活化利用以提升文化及休
閒價值，於 2011 年開始辦理「屏東市『勝利、崇仁眷村』歷史建築經營
管理標租案」。得標人得利用委託標的物提供與彰顯眷村文化相關之藝文
展演、研習講座、餐飲及相關紀念品製作販售、其他零售經營、生活體驗
等服務，以期達成在地活化的效益。目前這些眷舍再利用成為庭園餐廳、
咖啡館、文創工作室、眷村文物展示館等。隨著業者進駐經營的型態更趨
多元化，老屋展現新活力，產生集市效應，逐漸形成一處創意生活產業聚
落。

屏東勝利、崇仁眷村歷史
建築民眾承租作為餐廳

（2011 年作者拍攝）

秉持文化資產場域價值的文化創意開發

　　文化資產場域的文化創意，必須在能夠彰顯文化資產價值的原則下來進行開發，才能讓應用在商業經營的文化創意不會與文化資產場域的場所精神脫節。在國際間強調文化資產場域保存的場所精神，即兼顧場域的有形及無形文化，這正是文化資產場域開發文化創意最好的歷史文化資源。本節提出了利用文化資產場域的有形及無形文化資源來開發文化創意的方法，並且利用幾個國內外案例來說明這樣的操作方式。

➤ 場所精神：文化資產場域的有形與無形文化的共同保存

　　「場所精神」（Genius Loci）是 2008 年「國際紀念物與歷史場所委員會」於加拿大魁北克所舉辦的第 16 屆年會與科學會議（The ICOMOS 16th General Assembly and 2008 Scientific Symposium）所關注的重點。會議中所形成的「魁北克場所精神宣言」指出，場所精神被界定為有形的部分，即建築物、場址、景觀、路徑、物件（buildings, sites, landscapes, routes, objects）；與無形的部分，即記憶、口述、書面文件、儀式、慶典、傳統知識、價值、氣味（memories, oral narratives, written documents, rituals, festivals, traditional knowledge, values, odors）。兩者恰為實體與精神成分，能賦予場所意義、價值、情感與神祕。因此，為了能確保有形與無形遺產能夠同時被保存，宣言中鼓勵各種非正式的活動，如口頭敘述、儀式、表演、傳統經驗與習慣等；與正式的活動，如教育計畫、數位資料庫、網站、教具、多媒體簡報等傳播方法以保存場所精神。[16]

　　魁北克宣言鼓勵歷史空間保存應找回文化遺產有形與無形之間的脈絡關係，也就是歷史空間的保存不僅是有形建築物本身，更須著重於建築物相關的記憶、口述、書面文件、儀式、慶典、傳統知識、價值、氣味等無形的部分，因為這些無形的部分能賦予場所特別的意義、價值與脈絡。

➤ 利用文化資產場域的有形及無形文化資源來開發文化創意

文化創意產業的產品在於強調地方的故事性、傳奇性、典故及其商品的獨特性，藉此感動消費者，喚起消費者的文化認知和地方認同，提升消費者的獨特品味（陳振杰等人，2008：65）。在這個概念下，文化資產場域的文化創意，必須能夠傳遞與彰顯場域的文化資產價值，也就是文化資產場域歷史、藝術與科學的價值。文化資產場域的歷史、藝術與科學價值會展現於與文化資產場域相關的有形文化資源與無形文化資源之中，這些與文化資產場域相關的各種價值、有形文化資源與無形文化資源就成為了文化資產場域文化創意的來源，也就是故事的來源。

進一步來說，利用文化資產場域有形文化資源所發想的文化創意，有形文化資源就是「文化資產場域的建築空間型式、建築構造與裝飾元素」；利用文化資產場域無形文化資源所發想的文化創意，無形文化資源就是「文化資產場域的歷史、文化、產業特徵、傳說、故事」。因此，本文提出了利用文化資產場域的有形及無形文化資源來開發文化創意，如圖4.1所示。

文化資產場域若僅提供教育展示活動，經常無法吸引太多遊客，且無法創造經濟效益。文化創意產業的應用，可解決商業經營無法兼顧文化保存的問題。在上述秉持文化資產場域價值下所提出的文化創意，就不容易讓文化資產場域的經營淪為沒有文化意義的商業行為。

在此概念下，本文以日本橫濱赤煉瓦倉庫、臺灣宜蘭利澤簡廣惠宮、臺灣臺南十鼓仁糖文創園區為例，說明經營單位如何利用有形與無形文化資源來進行創意的活動舉辦、空間利用及商品開發。這三個案例中，日本橫濱赤煉瓦倉庫為受國家保護的文化財；臺灣宜蘭利澤簡廣惠宮亦被指定縣定古蹟；臺南十鼓仁糖文創園區所使用的仁德糖廠目前尚不具文化資產身分。雖然如此，我們仍可以從這三個案例，觀察到經營單位如何秉持文化資產場域價值開發各項經營的創意。下表為三個案例的異同：

案例	文化資產身分	文化創意來源	經營項目
日本橫濱赤煉瓦倉庫	有	有形文化資源 無形文化資源	空間利用 商品開發
臺灣宜蘭利澤簡廣惠宮	有	無形文化資源	活動辦理
臺灣臺南十鼓仁糖文創園區	無	有形文化資源 無形文化資源	商品開發 空間利用 活動舉辦

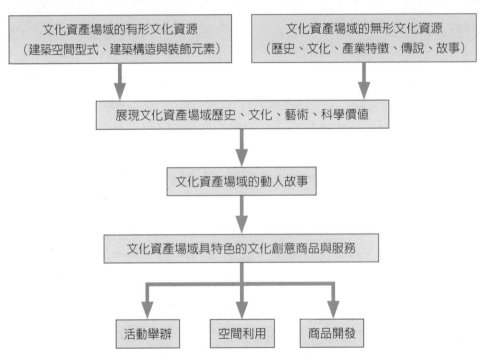

圖 4.1　利用文化資產場域的有形及無形文化資源來開發文化創意示意圖
資料來源：作者繪製。

➤ 空間利用及商品開發：日本橫濱赤煉瓦倉庫

　　位於日本橫濱的「赤煉瓦倉庫」（赤レンガ倉庫，Yokohama Red Brick Warehouse），日文「レンガ」為紅磚之意，原為港邊所使用的倉

庫，廢棄不用後，在橫濱市創意城市的計畫下經改建再利用爲餐廳、商店
與展演廳，目前由財團法人橫濱市藝術文化振興財團經營。橫濱紅磚倉庫
爲日本明治、大正時期的磚造建築，共有 1 號館及 2 號館，分別建於
1913 年及 1911 年。

　　橫濱開港當初並無船舶可停靠的海堤，建設正式的停靠碼頭成了國家
的重要課題。明治政府的第一期建港工程，於 1896 年（明治 29 年）完
成鐵棧橋（大棧橋的前身），爲處理因國外貿易急速發展所激增的貨物；
第二期工程於 1899 年（明治 32 年）開始建設東洋首座接岸結構的新港
碼頭。其中的一部分，建設現在的橫濱紅磚倉庫（當時稱爲橫濱海關新港
碼頭倉庫）作爲保稅倉庫。新港碼頭具有儲藏庫、倉庫、起重機、火車
等，是日本最初的近代港灣設施。2 號倉庫於 1907 年（明治 40 年）開工，
1911 年（明治 44 年）完工，設計者是統領大藏省（相當於臺灣的財政部）
臨時建築部的妻木賴黃（Tsumaki Yorinaka）。1 號倉庫於 1908 年（明治
41 年）開工，1913 年（大正 2 年）完工。完工的紅磚倉庫備有日本第一
台貨用電梯、消防栓（灑水器）、防火門等，是日本引以爲傲的最先進倉
庫。爲了防震，採用當時最新工法，就是在紅磚中埋入鐵筋的「定聯鐵工
法」。所用的紅磚全是日本國產品，使用在 2 號倉庫的紅磚就有將近 318
萬個。導入如此最新技術，完成兩個倉庫作爲日本國家的典範倉庫。爆發
二次大戰後，即中斷與國外的貿易，紅磚倉庫變成戰爭中的軍事物資補給
基地。大戰後被美軍接收成爲港灣司令部，內設有辦公室、餐廳，停止作
爲港灣倉庫的機能。結束持續大約 10 年的接管後，1 號倉庫曾作爲海關
倉庫；2 號倉庫曾作爲共用儲藏庫。[17]

　　橫濱紅磚倉庫因爲時代變遷，隨著新港口移轉，一度處於荒廢狀
態。橫濱市於 1983 年（昭和 58 年）開始著手規劃「MINATOMIRAI 21
（港灣未來 21）」，在中央地區（港灣未來車站周邊）建設以地標塔樓
爲主的近代未來都市，另一方面新港地區則以港灣象徵的紅磚倉庫爲中
心，運用其歷史背景與其景觀建設該地區。[18] 橫濱市以「創造港口繁華

與文化空間」爲概念，爲創造橫濱風格，並且使該倉庫成爲市民休閒與娛樂空間而發展此事業。將原本荒廢的倉庫建築重新設計，內部景觀煥然一新，成爲代表橫濱的文化施設。

現在紅磚倉庫1號館、2號館的外觀，維持著紅磚建築的歐式風格。1號館作爲文化活動的中心，是個創作、發表及練習的場地。有時會有戲劇、爵士樂、流行樂等表演活動。2號館則是商業用途，各類繽紛的雜貨及時髦咖啡廳、冰淇淋店等。此外，在1號倉庫與2號倉庫外圍的廣場也是由橫濱市藝術文化振興財團經營，平常可供外部活動租借使用。在空間利用上，2號館內部保留了倉庫時期的鑄鐵門與精緻的鑄鐵門滑軌接頭，讓遊客可以認識倉庫時期建築工藝技術。還有餐廳以鑄鐵門滑軌接頭作爲形象設計成 logo，非常具有文化創意。在賣店與餐飲空間的天花板保留了倉庫時期的波形鐵板與鑄鐵屋架，展現了當初作爲碼頭倉庫的粗獷風情，又巧妙地融合了現代流行元素，讓賣場與餐飲空間充滿創意的氛圍。由此可知有形文化資源應用在空間利用的文化創意。在商品開發上，商家利用紅磚倉庫的形象與橫濱當地的故事，開發出限定商品，讓遊客可以購買作爲紀念。由此可知有形與無形文化資源應用在商品開發的文化創意。

赤煉瓦倉庫

2號館外觀
（2008 年作者拍攝）

1號館與2號館隔著寬廣的戶外空間
（2015 年作者拍攝）

赤煉瓦倉庫

倉庫內保留倉庫時期的
鑄鐵門與精緻的滑軌接
頭（2015 年作者拍攝）

2 號館餐廳上方的鑄鐵屋架
（2015 年作者拍攝）

2 號館餐廳
（2008 年作者拍攝）

2 號館商店街
（2015 年作者拍攝）

赤煉瓦倉庫陳列的限定商品

（2008 年作者拍攝）　　　　　　（2015 年作者拍攝）

➤ 活動舉辦：臺灣宜蘭利澤簡廣惠宮

　　利澤簡老街曾是宜蘭冬山河運最重要的港口，利澤簡老街爲垂直舊冬山河河道而生，溪南各村莊市鎮如羅東、冬山等重要城鎮，均仰賴從利澤簡進來的船貨。然而隨著陸路交通的改善，在 1924 年（大正 13 年）宜蘭線鐵路通車，利澤簡雖不在鐵道線路上，但商業發展也逐漸落後於羅東與冬山。沉寂已久的利澤簡老街，因發展遲滯而保存了不少文化資產。老街上有一些小廟，過去未曾受到關注，其中，廣惠宮（Guang Hui Temple）當地人稱「王公廟」，主祀廣惠尊王謝安。透過文化部文化資產局補助計畫「區域型文化資產環境保存及活化計畫」的執行，探究歷史並且設計保存活化的活動。計畫執行過程中，從口述訪談中得知地方上曾有向王公求虎皮保平安的民俗，爲了求證這段史實，研究團隊在日治時期五結庄寺廟臺帳關於廣惠宮的紀錄中發現當時廟產確實有「虎皮」一張。由於其與地方集體記憶密切相關，成爲之後利澤簡老街創新民俗活動的主題（蔡明志，2012）。

　　「求虎皮保平安」源自廣惠宮的傳奇故事，並衍生爲當地求虎皮的舊有習俗，近數十年來卻已逐漸消失。由於王公虎皮的故事性極強，又與學

齡孩童密切相關,工作團隊即以「來幫王公找虎皮」為議題,讓利澤簡當地的小朋友回去問問家中祖父母,是否還留有裝著虎皮的香火袋。此舉的用意並不在是否有虎皮香火袋保存下來,而是藉此挑起老一輩民眾即將消失的集體記憶,並與其孫輩因此集體記憶開始產生連結。自此後,在每年元宵節時,搭配永安宮的「走尪」,廣惠宮亦舉辦「剪一塊虎皮保平安」的民俗活動,並策劃了以孩童為主要對象的活動。其中,讓孩童求虎皮儀式最具創意。求取者雙手合十虔心祈禱並擲筊,以求取虎皮與平安符。求到虎皮與平安符後,即可領取由社區媽媽製作之平安福袋與相關配件,親手 DIY 完成平安符的製作;製作完成後,即持平安符到香爐上方繞三圈完成儀式。此外還有「彩繪小福虎,讓你勇敢一整年」的身體彩繪活動,增添活動的趣味性(蔡明志,2012)。因此,透過利澤簡廣惠宮的案例,地方的歷史重新被挖掘考證,再藉由文化創意開發活動,讓活動能夠與廣惠宮的歷史相連結,並且讓孩童能夠藉由創意活動參與文化資產保存,

「求虎皮保平安」活動中在廣惠宮求虎皮的孩童
(2012 年作者拍攝)

參加「彩繪小福虎,讓你勇敢一整年」活動的孩童
(2012 年作者拍攝)

展現文化資產新的活力。由此可知無形文化資源應用在活動辦理的文化創意。

➤ 商品開發、空間利用及活動舉辦：臺灣臺南十鼓仁糖文創園區

利用製糖工廠成立的臺南十鼓仁糖文創園區（Ten Drum Ren Sugar Cultural and Creative Park），原工廠創建於日治時期 1909 年（明治 42 年），為臺灣製糖株式會社所經營的製糖廠之一，當時名為「車路墘製糖所」，戰後由臺灣糖業公司繼續經營。1969 年（民國 58 年）8 月配合所在地鄉名更改廠名為仁德糖廠，組織照舊。1975 年（民國 64 年）6 月高雄糖廠撤銷，本廠改隸屏東總廠督導。2003 年（民國 92 年）7 月本廠關廠併入善化糖廠，2004 年（民國 93 年）9 月由臺南區處接管，廠區部分倉庫出租給十鼓文創股份有限公司。經營團隊將閒置多年的工廠，融入十鼓獨創的臺灣特色鼓樂進行活化再利用，化身為亞洲第一座鼓樂主題國際藝術村。在經營的創意上，目前經營團隊充分利用糖廠所遺留的工業設施，與昔日製糖產業文化來開發文化創意。園區共開發了鼓博館、擊鼓體驗教室、十鼓蔬苑（餐廳）、視聽館、夢糖劇場、水槽劇場、極速煙囪滑梯、森林呼吸步道、十鼓祈福館、空中步道、製糖工廠等主題設施。[19]

在商品開發上，經營團隊聯繫日治時期車路墘小學校末代日人校長飯島正藏先生么兒高井雄三先生，藉由訪談手繪出 1945 年（昭和 20 年）當時廠區宿舍虎山社自然村平面圖，經由老照片與故事分享，回溯早年車糖村歲月的時光。並且利用這些文史資料開發成明信片、虎山社風情手繪筆記本、紀念胸章、臺灣製糖株式會社束口袋等文創商品。在空間利用上，經營團隊利用昔日運送砂糖的麻布袋來裝飾廠房，讓工廠空間藝術化，呈現十足的文化創意美感，也利用昔日蜜糖槽內部裝修成萬花筒讓遊客可以進去體驗。由此可知無形文化資源應用在商品開發及空間利用的文化創意。

另一種空間利用方式，則是將挑高四、五層樓的廠房改造成高空溜滑梯，讓年輕人可以攀爬昔日員工監看維修的通道，了解當時員工工作的狀

況。經營團隊也利用昔日製糖工廠的儲水池，發展成竹筏體驗區，讓遊客體驗昔日臺灣傳統生活中手動划筏的樂趣。此外，也利用高聳的儲蜜槽，發展成高空垂吊的體驗活動，這樣的活動吸引許多愛好冒險的年輕遊客前來遊玩，讓這些遊客了解製糖工業所需要的設施，進而認識工業遺產的保存成果。由此可知有形文化資源應用在活動舉辦的文化創意。

臺南十鼓文創園區

故事館內陳列各式以車路墘糖廠為主題開發的文創商品
（2016 年作者拍攝）

將昔日蜜糖槽內部裝修成萬花筒讓遊客可以進去體驗
（2016 年作者拍攝）

利用昔日運送砂糖的麻布袋來裝飾廠房空間
（2016 年作者拍攝）

將挑高四、五層樓的廠房改造成溜滑梯
（2016 年作者拍攝）

臺南十鼓文創園區

利用儲水池發展划筏體驗活動
（2016 年作者拍攝）

利用儲蜜槽發展成高空垂吊體驗活動
（2016 年作者拍攝）

4.6 小結

　　本章從文化經濟、創意城市、創意、文化價值、經濟價值與對於城市的可持續性來看文化資產場域的功能與應用。文化遺產是文化的產物，在文化遺產中所發生的經濟現象或文化創意，成為文化經濟與創意城市的一環。文化遺產被視為一種文化資本，會產生文化價值與經濟價值。文化遺產更為創意城市發展的重要資本。將文化遺產視為文化資本，而能夠長時間進行使用，這樣的狀況很自然地就會連結到可持續發展的議題，也就是文化遺產的管理必須具有可持續性。因此聯合國已將文化遺產的保存列為衡量城市可持續發展的指標之一。聯合國教科文組織創意城市網絡更認為，城市的文化與創意是達到城市可持續發展的重要手段，這也直接說明聯合國對於 2030 年讓全球城市達到可持續發展的目標之下，增進城市的文化積累與創意開發成為重要的發展方向。然而在創意與商業化開發之下，文化資產場域經營商業須兼顧文化遺產價值的維護，才不會因過度

商業化導致資產價值的喪失。文化資產場域在文化創意上的應用，必須要能充分理解文化遺產的價值後，才能開發出不違背遺產價值的創意經營方式。文化創意作為驅使文化資產場域在可持續性城市發展的動力之下，秉持文化資產場域價值所開發的文化創意，可兼顧文化保存及商業經營，將可讓文化資產場域經營活化發揮更大的效益。

註釋

1. 詳閱 http://www.usicomos.org/wp-content/uploads/2016/05/Final-Concept-Note.pdf（瀏覽日期：2017 年 12 月 27 日）。此議程發表於 ICOMOS Concept Note for the United Nations Agenda 2030 and the Third United Nations Conference on Housing and Sustainable Urban Development (HABITAT III)。

2. 詳閱 ICOMOS，2016，「The Paris Declaration, on heritage as a driver of development, adopted at Paris, UNESCO headquarters, on Thursday 1st December 2011」，採自 https://www.icomos.org/Paris2011/GA2011_Declaration_de_Paris_EN_20120109.pdf（瀏覽日期：2017 年 12 月 27 日）。

3. 詳閱 ICOMOS 網頁 http://www.usicomos.org/wp-content/uploads/2016/05/Final-Concept-Note.pdf（瀏覽日期：2017 年 12 月 27 日）。

4. 詳閱聯合國教科文組織網頁 https://en.unesco.org/creative-cities/content/why-creativity-why-cities（瀏覽日期：2017 年 11 月 1 日）。

5. 詳閱 ICOMOS 網頁 http://www.usicomos.org/wp-content/uploads/2016/05/Final-Concept-Note.pdf（瀏覽日期：2017 年 12 月 27 日）。

6. 詳閱歐洲地區創意產業統計網頁 http://unctadstat.unctad.org/EN/Index.html（瀏覽日期：2018 年 4 月 20 日）。

7. 詳閱歐洲地區創意產業網頁 http://europaregina.eu/organizations/igos/united-nations/unctad/creative-economy/（瀏覽日期：2018 年 4 月 20 日）。

8. 詳閱聯合國教科文組織網頁 https://en.unesco.org/creative-cities/content/about-us（瀏覽日期：2018 年 4 月 20 日）。

9. 詳閱聯合國教科文組織網頁 https://en.unesco.org/creative-cities/content/about-us（瀏

覽日期：2018 年 4 月 20 日）。

10. Brundtland report 爲聯合國 Brundtland Commission 於 1987 年 10 月所發表對於環境發展的協議，正式名稱爲 Our Common Future。聯合國 World Commission on Environment and Development（WCED）推動，並且成立 Brundtland Commission 來推動環境與自然資源的保護。Brundtland 此詞則是取源於挪威的前任首相 Gro Harlem Brundtland 之名，當時她是 Commission 的主席，以她爲名是爲了紀念她在科學與公共健康上的貢獻。詳閱維基百科 https://en.wikipedia.org/wiki/Brundtland_Commission（瀏覽日期：2018 年 4 月 8 日）。

11. intragenerational equity 的字義可參閱 https://www.uow.edu.au/~sharonb/STS300/equity/meaning/intragen.html（瀏覽日期：2018 年 4 月 8 日）。

12. 詳閱 https://unhabitat.org/un-habitat-for-the-sustainable-development-goals/11-4-world-heritage/（瀏覽日期：2017 年 12 月 27 日）。

13. 詳閱 ICOMOS 網頁 http://www.usicomos.org/wp-content/uploads/2016/05/Final-Concept-Note.pdf（瀏覽日期：2017 年 12 月 27 日）。

14. 詳閱文化部 https://www.moc.gov.tw/information_311_20450.html（瀏覽日期：2018 年 4 月 22 日）。

15. 詳閱香港「活化歷史建築伙伴計畫」http://www.heritage.gov.hk/（瀏覽日期：2015 年 12 月 15 日）。

16. 詳閱「魁北克場所精神宣言」（The Quebec Declaration on the Spirit of Place），網址：http://www.international.icomos.org/quebec2008/quebec_declaration/pdf/GA16_Quebec_Declaration_Final_EN.pdf（查閱日期 2011 年 8 月 30 日）。

17. 詳閱赤煉瓦倉庫網站 https://www.yokohama-akarenga.jp/tw/history/（瀏覽日期：2018 年 5 月 1 日）。

18. 詳閱赤煉瓦倉庫網站 https://www.yokohama-akarenga.jp/tw/history/（瀏覽日期：2018 年 5 月 1 日）。

19. 詳閱十鼓文創 https://tendrum.com.tw/TpHome/zt（瀏覽日期：2018 年 5 月 10 日）。

參考文獻

中文部分

林思玲（2016）。文化資產保存與文化創意產業應用。收錄於周德禎、賀瑞麟、葉晉嘉、施百俊、蔡玲瓏、林思玲、陳潔瑩、劉立敏、李欣蓉、張重金、朱旭中、陳運興（2016），**文化創意產業——理論與實務**，第 10 章。臺北：五南。

張清溪、許嘉棟、劉鶯釧、吳聰敏（2010）。**經濟學——理論與實際**。臺北：翰蘆圖書出版有限公司。

陳振杰、黃茉珺、蔡漢生、吳連賞（2008）。高雄市文化創意產業發展的現狀與前景規劃之研究。**環境與世界，18，**43-73。

蔡明志（2012 年 11 月）。地方文化資產的考掘、詮釋與再創造：宜蘭頭城與利澤老街的再造經驗。**2012 文化創意產業永續與前瞻研討會**。屏東市。

英文部分

BOP Consulting (2018, April 8). *World Cities Culture Report 2013*. Retrieved from London Government: https://www.london.gov.uk/what-we-do/arts-and-culture/world-cities-culture-report-2013. (Published in 2014)

David Throsby. (2001). *Economics and Culture*. Cambridge: Cambridge University Press.

Hutton, T. A. (2016). *Cities and the Cultural Economy*. New York: Routledge.

ICOMOS (2018, April 8). *Cultural Heritage, the UN Sustainable Development Goals, and the New Urban Agenda*. Retrieved from http://www.usicomos.org/wp-content/up-loads/2016/05/Final-Concept-Note.pdf

Throsby D. (2010). *The Economics of Cultural Policy*. Cambridge: Cambridge Press.

Chapter 5
文化創意經濟與政策方案評估

➤ 陳坤宏

綜觀近年來國內外文化創意經濟（cultural creative economy）的發展與變遷，我認為，科技加上創意，再加上文藝觀點，正是文化創意經濟能夠成功的不變通則，也將會是人類社會追求的普世面貌。蘋果公司創始人賈伯斯（Steven Paul Jobs）主張高科技導入美學與簡約之設計理念，終於引領全球風潮，進而大大地改變了人類生活。所以，我們從此深刻體會到一個事實，那就是：科技先鋒加上文創的感受，必定能夠獲取廣大的應用科技市場。

由此看來，論及文化創意經濟政策方案評估（policy and program assessment），所謂：(1) 科技；(2) 創意；與 (3) 文藝（本人姑且稱之為「文創經濟鐵三角」），乃成為評估架構中不可或缺的目標甚至準則。最近十年來，在政府、學術單位、企業、文藝團體以及民間通力合作下，臺灣各地的文化創意產業園區也有亮眼的成果，雖不盡完美，仍有改善空間，但我相信，在亞洲已屬前段班，也往往成為他國前來取經之地了。只可惜，針對臺灣逐漸發展成熟的文化創意產業園區，其開發方案優劣比序之研究較為闕如，此乃成為本人撰寫這一章的強烈動機與理由所在，期待對於爾後的學術研究與實務工作有所貢獻。

5.1　文化創意經濟政策方案評估的必要性

政策目的在於解決問題、解決公共議題或滿足公眾需求，所以，必須透過政策評估才能了解其執行成效，這即是政策評估的意義所在。關於政策評估的類型，美國評估研究協會提出了六種類型的計畫評估架構：(1) 前置分析；(2) 可行性評估；(3) 過程評估；(4) 影響評估；(5) 方案與問題監測；以及 (6) 計畫或執行後評估。李允傑與丘昌泰（2003）以美國評估研究協會的分類架構為基礎，將政策評估分為三大類：(1) 事前評估：目的在於政策或計畫執行前可以修正其計畫內容，使資源得到適當的配

置；(2) 政策執行評估與計畫監測：目的在於探討政策或計畫執行過程並了解其缺失；(3) 政策結果評估：此類型乃為政策評估的核心，包括政策影響、政策效益與效能。

 5.2　文化創意經濟政策方案評估的問題

　　加拿大英屬哥倫比亞大學都市與區域規劃系 Thomas A. Hutton 教授在其 2016 年的新書《Cities and the Cultural Economy》中，提到方案評估有時會發生困境的根本原因，那就是：往往規劃師基於計畫理由，想從計畫（或方案）評估進到新的計畫活動的過程中重新配置資源，但是，卻會受到經選舉產生的官員的指揮或影響，因此，慢慢的，所謂政策與方案評估的任務，就淪為學術界、遊說團體與媒體的需要了。Hutton 有感而發，整理了四點方案評估的問題，茲詳述如下：

　　1.計畫條件的不確定性會影響到未來預測的可信程度，過去的「主要計畫」大多預測未來 20 年甚至 25 年，時間太長，造成預測不準確，例如：1970 年的「London－South East Plan」是一個 20 年期的主要計畫，但在該計畫提出後不久，因為發現預測錯誤而遭廢止，尤其是當今世界局勢、經濟變遷、移民（合法或其他原因）、財政困境等，都會造成明顯的波動與不穩定性，使得計畫預測更加困難。

　　2.計畫所處的財政與經濟脈絡，往往不但受到企業與投資的限制，而且還要面臨嚴重不景氣與金融危機的挑戰，例如：1997 年的「亞洲危機」與 2008 年的金融風暴。這些都會增加方案評估的困難度。

　　3.當今流行趨勢的所謂「多層次治理」（multi-level governance，簡稱 MLG）所帶來的資源規模早已超出地方或區域政府的容量，加上 MLG 計畫增加了問題的擴大性與複雜性，這些都會使得評估結果變得更加繁複。

4. 最後是全球化，毫無疑問的，當然會使得計畫執行與方案評估工作，增加許多困難。

Hutton 接著關注文化計畫方案評估的問題，提出了三個問題：

1. 通常文化計畫方案大多是在後工業城市內城的邊緣地帶來執行，可能造成計畫或方案的「關係人」大多有不同的（甚至對立的）需求與目標，因此，使得評估工作較難進行。

2. 因文化計畫帶來的地區再發展與再生，固然會產生成功的內部投資，但卻也造成效益與成本的不均衡分配，例如：一個文化導向的再生計畫往往會產生外溢效果，影響到了鄰近地區。在社區層級，文化計畫評估的挑戰是所謂「創意」的投入，是會與其他變數混在一起的，最明顯的是科技與資本，澳洲里斯本的 Pedro Costa 文化特區即是明證，顯現出它會更加複雜化了方案評估工作。

3. 如果文化計畫過於注重「再品牌化」形式上的操作的話，那麼，計畫目標與結果模糊不清的本質，很可能就會不利於方案評估的工作，例如：里約 2014 年舉辦世界杯足球賽以及二年後 2016 年的奧運，因為「再品牌化」的緣故，導致產生了直接的財務成本、直接與間接的社會成本等諸多負面結果（Hutton, 2016）。

5.3 「文化政策」（cultural policy）與「方案評估」（program assessment）之間的關係

➤ David Hesmondhalgh

David Hesmondhalgh 在 2002 年他的專著《*The Cultural Industries*》一書中，提出評估文化產業的變遷與延續的七項指標：(1) 大型企業在社會及文化產業中的角色；(2) 文化產業組織的創意環境；(3)國際的不平等；(4) 新技術、進入機會及參與；(5) 選擇與多元性；(6) 品質；以及 (7) 文

本、社會正義與利益的服務。對他來說，這七個指標是提供一個方式來測量文化產業相關時期的變遷程度，並且可為研究者提供評估變遷的架構，最後為後續立下評估變遷與延續的基礎。他的此一思維邏輯具有重要的啓示作用，就像 Hesmondhalgh 本人就依循以一邏輯，明確地提出三種解釋文化產業主要變遷與延續的模型：(1) 科技決定論；(2) 經濟決定論；以及 (3) 文化決定論。

若以都市計畫（urban planning）變更案為例加以說明，即可清楚明白。臺南市政府為了配合臺南市榮譽國民之家遷建，提出臺南市東區都市計畫。面對這樣一個實務案例，我們可以分為：(1) 定位構想；(2) 評估架構；以及 (3) 推動策略三個層次，分別加以說明。首先是定位構想，主要包括變更基地在全市性的角色與定位以及整合都市結構的特色兩部分，前者例如：變更基地位處臺南舊都心與南臺南站副都心的過渡帶；鐵路地下化沿線的運動休閒藝文走廊；後者例如：以藝術文創、休閒綠意與 TOD 商圈三項特色整合出都市空間結構。其次是方案評估架構，包括類型、規模、時程，都必須進行評估，例如以類型而言，不可變動、局部調整、可變動，各有哪些分區；再以規模而言，大單元 1,000 坪以上、中小單元 500 坪以下，以考量南部投資市場為原則。最後是推動策略，除了保障公益性（公共設施容受力）與市場性（不動產市場需求）外，尚可包括以下策略，例如：透過更新機制與容積獎勵，加速老舊社區再發展；營造低碳智慧城市；公有土地開發與都市更新基金收益投注舊社區更新再造，讓土地得以永續利用。

➤ Thomas A. Hutton

加拿大英屬哥倫比亞大學都市與區域規劃系 Hutton 教授在其 2016 年的新書《*Cities and the Cultural Economy*》第 8 章「Assessing the policy record in the cultural economy of the city」中，雖然並未具體提出文化方案評估的架構、方法與準則，不過，他卻透過不同國家／都市的文化計畫

評估案例的介紹，隱約表達對於方案評估的見解，讀者亦可從中認識到方案評估的架構、方法與準則。這裡就介紹 Hutton 在書中舉出的日本橫濱黃金町（Koganecho）藝術管理中心爲例，結論是黃金町成功的故事，除了擴大了我們對於創意城市的政策誘因與方案評估結果的了解，更讓我們認識到東亞城市中政治與社會文化的特殊性。簡單的說，此一案例是黃金町藝術進駐計畫（Koganecho Artist in Residence Program）。黃金町管理中心位於日本橫濱市的黃金町區域，該區域曾爲性工作者集聚的紅燈區，沿著京濱電鐵（Keiku Railway）從事違法性交易，導致居民逐漸搬離此地，社區發展也隨著居民的遷移而慢慢衰弱。在經過許多當地團體、政府、學校等單位的共同活化、努力後，紅燈區終於在 2005 年正式消失，黃金町管理中心（Koganecho Area Management Center）也於 2009 年正式成立。管理中心致力於改造並租借這些曾爲性交易場所的閒置空間，供藝文人士使用，轉化爲工作室、店舖、咖啡廳等創意空間。管理中心的藝術進駐計畫，即廣邀世界各地的創作者，於散布在黃金町各個角落的工作室中生活、研究、創作，利用在地獨特的歷史、人物、文化等爲題材，發展出作品。根據 Hutton 的觀察，黃金町提出的「Creative Kogane-cho」文化方案，包含了兩個重要元素：(1) 重新整修妓院後出租給藝術家，到 2011 年，大約有 20 個地點正運作中，整合了藝術家空間、工作室、咖啡店、餐廳與商店；(2) 它配合了文化導向的都市再生，包括數個團體的贊助、活動管理，最著名的是黃金町廣場的藝術嘉年華（Kogane-cho Bazaar art festival），包括鄰里組織的參與、Naka Ward 企業、橫濱市政府與縣立轄區警察單位，都熱情地參與。值得一提的是「Kogane-cho Bazaar」實驗的成功，這是一個自幫派、賣淫的墮落區改造成功，成爲一處容納 250 家店面的商業區。雖然近年來有些店面歇業，但是，卻有許多年輕學生、藝術家，開始與當地店面老闆合作。由此看來，這項文化計畫是成功地導致社會包容，他們也成功地改造了那些空蕩蕩的店面。

我們可以先回顧橫濱（Yokohama）創意城市的經驗（陳坤宏，

2013）。橫濱於 2004 年提出新的都市願景，並且規劃一系列建設方案，期待再創造自己成為一個「具有藝術與文化的創意城市」。此一新的都市願景包括以下層面：(1) 創造一個創意性環境，讓藝術家與創意工作者想來居住；(2) 建造一個創意產業群聚，促進經濟活動：(3) 利用城市自然資產來達到這些目的；以及 (4) 利用市民的原創力以達到「具有藝術與文化的創意城市」的願景。到了 2008 年，橫濱市已吸引將近 2,000 名藝術家以及 15,000 名工作人員進到創意產業群聚之中，堪稱成功。比較特別的，自 2004 年 4 月開始，市長設立一個很特別的「創意城市橫濱」辦公室。在 2009 年慶祝橫濱開港 150 週年時，在國際創意城市記者會上，公開宣布橫濱成為一處「亞洲創意城市網絡」。綜合上述，橫濱創意城市的成功，是內生於它固有的藝術與文化，並以達到都市再生為目的，同時導致文化政策、產業政策與社區發展的再結構。在行政運作上，它超越了官僚地域性偏見，引進非營利組織與市民的參與，最後，透過以藝術與文化為基礎的都市政策與計畫方案，成功地提升了社會包容度。

　　Hutton 進一步比較黃金町 Koganecho 與歐洲及北美的差異，認為前者有效地「淨化」了賣淫與犯罪的地區，而後者比較屬於社區導向的文化方案，比較能夠融合社區原有的目標與需求。

➤ Grodach 與 Loukaitou-Sideris

　　Grodach 與 Loukaitou-Sideris 在 2007 年共同執行一項重大計畫——針對美國大城市文化發展計畫中政策所扮演的角色，進行比較性評估，並且發表一篇名為〈Cultural Development Strategies and Urban Revitalization: a survey of U.S. cities〉的論文，這是一篇對於正興起的「文化方案評估」此一領域，具有重大貢獻的文章，值得一讀。他們二人首先將文化發展策略分為三種類型：(1) 企業型策略（Entrepreneurial Strategies）；(2) 創意階級型策略（Creative Class Strategies）；以及 (3) 漸進型策略（Progressive Strategies）（見表 5.1）。然後，開始進行問卷調查，選定

表 5.1　三種文化發展策略

策略型態	目標	文化計畫與方案的類型	實施區域	目標顧客群
企業型策略	・透過觀光與城市意象來促進經濟成長 ・誘導私部門投資	・旗艦型文化計畫 ・大型活動事件 ・獎勵活動	・市中心 ・首要城市	・觀光客與傳統主義人士 ・大量的當地住民與郊區人士
創意階級型策略	・透過舒適的生活品質來促進經濟成長 ・吸引新住民與就業人士進入創意經濟	・藝術與娛樂特區 ・藝術與私部門之間的合作	・中心城市與都市歷史街區	・對未來充滿展望的現有住民 ・年輕的專業人士與一群有知識的工作者
漸進型策略	・社區發展 ・藝術教育 ・地方型文化生產	・社區藝術中心 ・藝術教育方案	・內城鄰里 ・不適當的鄰里	・不適當的住民

資料來源：Grodach and Loukaitou-Sideris (2007), p.353.

美國人口數萬人以上的大城市，並且以主管當地文化事務部門的資深官員
（因為他／她們是直接參與城市文化經濟政策與計畫的代表性人物）為訪
問對象，Grodach 與 Loukaitou-Sideris 的研究結果發現：

　　1. 不管是活動代理人或城市，都是壓倒性地偏好企業型策略，縱使有
不小的比例提供資金給藝術家。

　　2. 關於文化政策與方案的目的，壓倒性多數的受訪者（93%）認為是
可以提升全體市民的生活品質，並且認為這是城市文化活動最具效益之所
在；59% 的受訪者認為是可以吸引遊客與觀光客；1/3（34%）將文化活
動視為可以強化城市的競爭優勢。

　　3. 在美國大城市的文化經濟中，企業型策略是最明顯被表現出來
的。紐約與芝加哥是融合了企業型、創意階級型與漸進型三種策略，此乃
歸因於此二大都會區之文化產業與創意勞工的規模與複雜度所致。波特蘭

與聖地牙哥則屬於創意階級型策略。最後，漸進型策略則被 Grodach 與 Loukaitou-Sideris 二人視爲文化活動的邊緣，而必須主要以經濟價值來加以評估。

➤ Hesmondhalgh 與 Pratt

Hesmondhalgh 與 Pratt（2005）提醒我們，雖然當前文化產業政策正蓬勃興起，但是，有關文化產業角色的若干問題與張力，在文化政策形成與學術探討上都有待澄清。最明顯的是定義上、統計上與觀念上的各種問題。而張力方面，則包括：(1) 文化產業究竟是一個大型企業，或者是地方或國家文化產業政策發展的一環？(2) 藝術的與商業的目標之間的張力；(3) 公（市）民權與消費主義之間的張力；(4) 在學術上，文化產業的組織形式與工作實踐，應該要如何定位？

Hesmondhalgh 與 Pratt（2005）二人看到了這些文化產業的若干問題與張力之後，大膽地主張文化產業與文化政策當前面臨的挑戰，期待在這些挑戰之下，能夠刺激我們有效提升文化政策的品質與影響力。總共有四項挑戰：(1) 美學多元化；(2) 知識；(3) 政策執行；以及 (4) 權力與民主。

Pratt（2005）在他寫的《*Cultural Industries and Public Policy: An oxymoron?*》論文中，論述他對於文化產業政策的若干矛盾與困境的觀點，極爲精闢，值得一讀。他首先引述 Matarasso 與 Landry（1999）提過的文化政策 21 項策略性兩難困境，這 21 項策略性兩難困境圍繞著五個主題：(1) 架構；(2) 執行；(3) 社會發展；(4) 經濟發展；以及 (5) 管理。毫無疑問的，此一檢核表單，對於文化政策形成在實施層面上，具有綜合性且有用的綜觀與工具。接著，他爲了釐清「文化是什麼」此一問題，針對文化提出三個論述：(1) 經濟：文化政策是公共財或是私有財？(2) 意識型態 / 政治：人文主義、美學主義，或者是國家主義？(3) 社會：政府或私人部門對文化政策的支持，屬於商業性、去商業性，或者是二者混血？最後，Pratt 從「治理」（Goverance）的觀點，建立了文化治理（Cultural

			階層性 （Hierarchy）
1	2	3	
4	5	6	橫向性 （Heterarchy）
7	8	9	市場性 （Market）
經濟	意識型態／政治	社會	← 治理 ← 文化論述

圖 5.1　文化政策形成的 9 宮格

資料來源：Pratt (2005), p.40.

Goverance）的 9 種可能空間，也成為文化政策形成的 9 宮格（如圖 5.1 所示）。

　　Pratt 在文化政策形成的 9 宮格的基礎上，很自信地想像一套未來文化政策的新議程：(1) 第一，傳統的藝術政策將無法適用於文化產業的新政策；(2) 第二，治理過程是有必要去進一步深刻了解文化活動的生產組織與再生產的本質，當然包括制度所扮演的角色、訓練網絡、創新、文化藝術品的表現等等；(3) 第三，一個全新的公共參與架構，必須被創造出來才行。

➤ Peter Duelund

　　Peter Duelund（2008）在他撰寫的一篇名為《*Nordic cultural policies: A critical view*》的論文中，首先在主張哈伯瑪斯（J. Habermas）理論可以作為分析文化政策的有用工具的前提下，採用哈伯瑪斯的「溝通行動理論」（The Theory of Communicative Action，簡稱 TCA）與「事實與規範之間理論」（Between Facts and Norms，簡稱 BFN），此二項理論在文化分析中，特別關注以下的議題：在正常的法律結構下，文化政策將會與經濟商業性媒體以及生活世界的價值之間，產生交互作用。進而，在民

主社會中，文化政策是因爲爭辯哪些價值會促進社會進步而引起的，而在此一爭辯中，必然會討論到藝術的美學理性（Duelund, 2003）。所以，依循此一議題的邏輯，我們可以大膽地提出：基本上，這就是商業性的文化產業與藝術／文化的溝通理性之間的一種選擇。

接著，Duelund 確信 TCA 與 BFN 可以爲文化研究提供一個有用的觀念性架構，不論是在理論層次或是經驗層次。他主張文化政策有狹義與廣義的定義。在狹義的定義，文化政策顯然是提供資金補助給藝術與文化活動的工具，在實踐中，藝術補助表現出一種對美學形式的選擇，例如：文學、音樂、戲劇、舞蹈、視覺藝術或雕刻等，何者必須或值得去推廣，就由社會中實質的與象徵性的主體們的大眾消費所決定。從此一意義來看，文化政策乃被看作是促成了政府單位如同商業團體般影響了人們的思維與感覺的作用者，單純只是財政上的支援罷了。但從一般性觀點來看，文化政策又有可能是一種策略與誘因體系，提供社會大眾能夠獲得國家認同與歸屬感的工具。在廣義的定義，文化政策要處理的是文化領域中不同策略與動機之間的利益衝突。文化政策必須要符合價值所在，易言之，文化政策是價值或理念爭辯的產物，因此，歷史上，不論是對教會與宗教的態度、言論自由、國家主義與全球化、研究與教學等，都可成爲文化政策的重要元素。以此推論，文化政策往往反映出政治與經濟的鬥爭，以便建立起藝術與美學的表現，以及直接與間接的工具，以提供給政府／國家機器作爲發出補助金以刺激或規範藝術的生產、分配與消費的依據。近年來，北歐國家便是如此，透過目標導向的管理、表演活動合約、事後檢討的品質保證等工具，都是北歐國家經常採用的措施。

最後，Duelund 根據自己在 2003 年的研究，從 1960-2007 年當中，北歐文化政策在目標與措施的轉型上，歸納出四個階段，也代表著四個不同的策略，分別是：(1) 文化的民主化（1960-1975）；(2) 文化民主（1975-1985）；(3) 社會與經濟工具化（1985-1995）；以及 (4) 經濟與政治殖民化（1995-2007）。第三階段社會與經濟工具化（1985-1995）強

調文化權力轉移下放，結果造成經濟分散化，許多廢棄空洞的廠房建築，在此一階段被重建成爲文化活動的中心，並且提供工作機會。第四階段經濟與政治殖民化（1995-2007），尤其是 2003 年以後，北歐國家文化政策扮演二個重要角色，一是支持藝術活動，二是建構國家認同，這是一個很重要的典範轉變，最著名的是 2006 年的「The Danish Cultural Canon」計畫方案，此一方案不但公開討論如何建構國家認同，而且也公開討論如何提升與評估藝術品質。

➤ Frost-Kumpf, H. A.

Frost-Kumpf（2001）主張「文化園區」（Cultural Districts）代表的是文化產業聚落化的現象，從此成爲爾後學術界研究文化創意產業園區的思想源頭。他認爲一個文化園區的設立，必須達成以下目的，包括：(1) 能夠活化城市特定地區；(2) 讓地區更具吸引力；(3) 提供夜間活動，讓人多逗留；(4) 提供藝術活動與藝術團體所需的設備：(5) 提供居民與遊客相關的藝術活動；(6) 提供當地藝術家更多的創作或就業的機會；以及 (7) 讓藝術與社區發展能夠更緊密的結合。

基本上，Frost-Kumpf 主張的文化園區設立的七項目的，我會把它們視爲文化創意產業園區成效評估的目標甚至準則，頗具參考價值。

➤ Walter Santagata

Walter Santagata（2002）根據功能，將文化產業園區分爲四種類型：產業型、機構型、博物館型以及都市型。產業型強調其創作效應與創意產品的開發。機構型的主要任務是有正常機構，將產權與商標分配給需要扶持的生產地區，協調它們成長。博物館型通常圍繞博物館網絡而建立，且位於具有歷史悠久的城市中心區，能夠吸引大量觀光客，是它的優勢所在。都市型透過藝術與文化的力量，賦予社區新生命力，留住居民與遊客，以抵抗工業經濟的衰敗，並且爲城市塑造新形象。

➤ Francois Matarasso

　　Francois Matarasso 主持一項有關「藝術參與的社會衝擊」的跨國大型研究計畫，這是英國藝術委員會委託的研究案，頗具代表性，並且對於爾後的藝術文化政策產生影響，部分研究成果發表於其 1997 年的論文中，值得一讀。在本研究中，Matarasso 提出 6 項主題的評估，包括：個人發展、社會凝聚力、社區營造與自決、在地形象與認同、想像力與願景，以及健康與福利，並且列舉 10 個關鍵問題作為案例調查的一般性架構，進行量化與質性的研究，最後提出具體的成果報告。同時列舉 50 項藝術對社會的衝擊，當然，此 50 項成果可以成為評估指標（indicators），從中可以挑選出特定活動所產生的社會利益，但必須注意適用於特定情境之考量。由此看來，上述 6 項主題的評估、10 個關鍵問題以及 50 項評估指標的提出，說明了 Matarasso 已提供了一套評估架構，其參考性極高（Matarasso, 1997）。

　　該項研究除了在 6 項主題的評估上具有研究發現外，還在經濟衝擊以及社會政策與藝術二方面有其發現。前者發現民眾參與藝術活動，竟然對於社會服務（例如：照顧孩童、社會性服務、促進健康、預防犯罪等）的開支達成節省的效果，因為能夠獲得上層政府補助的緣故。而後者發現，參與式藝術方案已成為成功的社會政策的核心元素，不可或缺，因為活動方案可以讓單純的房子變成為溫馨且有意義的住家。當居民能夠找到意義、創造力與溝通力的時候，一個具有創意、有彈性、會回應且能滿足成本效益的答案即已產生，反過來說，社會政策也可以從此一答案中獲利。

　　接著，我們進一步了解 Matarasso 是如何建構一個具有創意的環境呢？他是基於 7 個核心原則加以建立的，分別是：清晰的目標、公平對等的夥伴關係、好的計畫、注重倫理、追求卓越、符合比例原則的期待，以及聯合評估等 7 項。有了此一具有創意的環境建立之後，Matarasso 就很有信心的說，社會評估指標的建立或使用並不困難，另外，藝術方案也能

夠在公共政策中得到一致性且整合性高的評估。本人就以「追求卓越」爲例，Matarasso 認爲藝術工作的社會目標的評估，就要看藝術過程與成果的品質、管理成效、其他專業領域的回應等三項；再以「符合比例原則的期待」爲例，藝術目標的現實性與精確性、藝術活動成功的指標與水準標記、其成效與其他社會參與的比較等三項，就變得很重要；最後再以「聯合評估」爲例，參與者在現場的投入、評估過程的品質與公平性、有效使用評估結果的能力等三項，就成爲考量的重點。

　　Matarasso 主持該項研究的結論，主張制定有效的文化與社會政策，將會對民眾帶來社會經濟利益，也給予藝術公共政策提供了良好架構，所以，成功的文化藝術政策，與政府的社會政策實施成效，彼此相輔相成（Matarasso, 1997；董維琇，2010）。

➤ 陳坤宏

　　陳坤宏主張，欲評估文化創意園區（cultural and creative park）的開發成效，可以從文化創意園區在都市中被賦予的預期成效加以檢視，包括園區在整個都市發展上的脈絡、在既有條件下所能達成的實質與非實質目的、是否能夠提升文化水準與提供創意環境、是否能夠幫助城市特定地區的再生等，依循此一思維邏輯，本人乃期待提升文化創意產業在城市競爭力中的影響之後，接著，經由文化園區的開發，有效引導園區周邊地區的需求與利益，達到都市空間資源連結的目標。易言之，將文化創意園區的開發，視爲都市空間再生與發展的策略與手段。因此，評估文化創意園區開發成效的面向，即應該包含: (1) 創意；(2) 產業；(3) 資本；(4) 市場；(5) 地區；以及 (6) 環境等六個面向，方屬完整。此一評估架構，基本上是認同透過都市歷史空間再發展與活化轉變爲都市產業發展的觸媒之說法，同時，對於地方政府而言，正好可以達成文化政策、產業政策與空間環境政策相輔相成的都市發展目標（陳坤宏，2013；陳坤宏等，2016）。綜合上述，本人認爲，欲評估文化創意園區的開發成效，特別需要重視文化水

準的提升、建立創意環境、地方經濟再生、在地社會資本與資源的結合、
城市中心地區的復甦、歷史建築物與閒置土地的再利用，以及政府與民間
合作的關係等，如此，正好呼應了 Frost-Kumpf 主張的文化園區設立目的
的看法。

➤ 劉俊裕

　　劉俊裕於 2013 年所撰寫的《全球都市文化治理與文化策略：藝文節
慶、賽事活動與都市文化形象》一書，旨在探討都市如何利用文化資本的
力量，結合都市既有的文化政策，重新詮釋在地文化，展現都市的全球和
在地文化形象。藉由國內外都市文化策略實務案例（例如 2009 年臺北聽
奧、2008 年北京奧運會、高雄貨櫃及鋼雕藝術節、紐奧良狂歡節、歐洲
文化首都、聯合國創意城市網絡等），分析都市規劃者如何在藝術文化治
理的場域和網絡中，藉由官方和民間的組織，凝聚當地市民共同的文化價
值、理念與認同，進而呈現出不同都市的國家文化意象。到此為止，似乎
僅止於告訴讀者，都市文化形象與國家文化意象是如何被塑造出來的過程
與機制，而對於其文化政策或策略是否優劣、適當或正確的評估架構，則
未有清楚完整的陳述，稍有可惜。幸好，作者在這本書的「第四篇全球都
市文化策略的反思」中，嘗試從聯合國「創意城市網絡」探討全球化下的
城市文化治理以及全球都市文化策略中理論與實務的反省，開始隱約論述
到他對於當前城市文化治理的見解，倒也可以作為文化政策或策略優劣評
估的初步依據。我們認為，在這本書作者目前努力的研究方向 —— 臺灣藝
術文化治理的網絡上，相信將來對於臺灣都市文化政策優劣評估的工作，
還是會有貢獻的。

➤ 新加坡

　　新加坡作為一個亞太區域的領頭羊，現今正在企圖將「文化產業」轉
型為「創意經濟」。所謂「創意經濟」，談論的是知識如何能夠市場化，

並且被加以行銷，在此一資本化的過程中，「知識」是應該與「藝術」、「科技」與「企業」互相融合才行，此一主張可以成爲新加坡「創意經濟理論」的基礎（Yue, 2006）。Yue 在檢視新加坡近年來的文化政策時，發現並主張一個新的創意產業是會產生新的消費型態與認同感，進而有助於新加坡作爲「新亞洲」此一地方品牌的建立，而「新亞洲」的願景，不只是一種文化首都的形式，更是一種區域統御的策略。

根據 Chua（2004）的說法，新加坡之所以非常獨特，是因爲它是亞洲唯一將創意經濟作爲國家文化政策命令的國家。因此，Yue 就在此一基礎上，初步得到以下結論：不同於美國、英國、澳洲的創意產業模型，新加坡模型是利用「文化」的觀念，不僅創造新的產業與企業，同時還促成了「亞洲價值」（Asian values），這一點正是新加坡令人佩服之處。

Chua 在他的研究中，發現「消費」（Consumption）已成爲新加坡創意經濟之所以成爲區域霸權的重要關鍵，因爲在新加坡人的心目中，消費主義基本上就是一種文化。例如：所謂「Singapore 21」政策即明白揭櫫「公民權作爲一種消費」，是新加坡人要成爲新的泛亞世界主義者身分的「入門」，政府倡導並實施多年之後，最後我們終於發現，「Singapore 21」透過消費已成功地爲新加坡人建構了文化公民權，並且能夠讓市民變成爲消費者，而這個成果並不是靠政治與社會的主張所得到的（Yue, 2003）。綜合上述政策的結果，我們可以這麼說，當今新加坡人的市民認同感是來自於三方面：(1) 消費；(2) 地方感；以及 (3) 新亞洲價值，共同形塑而成。同時，在新加坡創意經濟此一政策推展之際，新加坡人的新型消費實踐，乃結合了由上往下的政策發展策略以及由下往上的政策實施戰術而成，這一點也是新加坡與許多其他國家不盡相同之處，值得我們學習。與此一政策有關的，因爲「Singapore 21」消費實踐的緣故，透過新加坡的觀光實踐，終於讓構成長久以來中產階級夢想的消費政治性得以達成，中產階級的消費足跡橫跨亞洲地理版圖，進而發展出資本主義新的網絡區域。最後，畢竟新加坡是最擅長於規劃與管理的國家，政府當然會未

雨綢繆，建議了一套建立未來的創意文化治理與消費的新政策管理方案，即「控制傳達理論」（Cybernetics）與「文化消費」（Cultural Consumption）之間的緊密關聯性，Yue 在他的 2006 年的論文中已有闡述。

➤ 中國大陸

　　中國大陸最近幾年大量開發文化創意產業園區，以上海為例，即將近50 處之多，其文化創意產業政策以園區建設、產業結構調整與轉型升級以及舊城區改造為目標。根據楊敏芝（2009）的歸納，可分為三種策略：(1) 建設文化創意園區，例如：上海創智天地、濱江、8 號橋、舊四行倉庫等；(2) 依附大學，推動建築設計、研發設計、生活商品設計等產業；(3) 以大學科技園區為基地，培育創意產業。

➤ 臺灣

　　行政院文建會在 2004 年文化白皮書提出「整備創意產業發展環境」政策中，提出成立國家設計中心、規劃設置創意文化園區、協助文化藝術工作者創業以及強化智慧財產權保護等政策。於是，接著在臺灣各地如火如荼展開各項空間政策，例如：華山文化園區、鐵道藝術網絡計畫、產業設施再生計畫等，最為著名。本人認為，當今臺灣文化創意產業應該參酌國外創意空間政策的優點，確定未來長遠的空間政策導向，包括：強化創意產業的內部與外部環境、建構完善的產業鏈、創造新的產業聚落、發揮空間群聚效果、培育創意市場並且連結地方社群、提升在地文化水準，進而達到城鄉社會公平（urban and rural social equity）。

　　深究國內外文化創意產業園區的發展成效，本人主張文化創意產業園區的發展，不能僅依賴基礎建設，成功的關鍵應該在於：(1) 建構完整的制度環境；(2) 建立政策支持與協調仲裁機制；(3) 建立法律保護制度；(4) 重視後續的經營管理成效；以及 (5) 發展一套有效的成效評估與監測架構。以上五項成功的關鍵要素，我會把它們視為文化創意產業園區成效

評估的五個目標甚至準則。

➤ 創意城市指標（Creative City Index）

● 美國

採用 Florida 於 2002 年所建構的衡量創意城市競爭力的指標，共包括：(1) 創意階級指數（Creative Class Index）；(2) 創新指數（Innovation Index）；(3) 高科技指數（High-Tech Index）；(4) 多元化指數（Diversity Index）；以及 (5) 人才指數（Talent Index）等五項指標，其中，多元化指數又包含同性戀、多元種族、波西米亞三項指數。由於此一指標系統能夠滿足創意城市的定義，所以被許多國家城市所採用，非常具有代表性。

● 英國

英國在參考 Florida 所發展的指標後，於 2003 年建立一套用來衡量英國主要城市創意競爭力的指標，共包括三項：(1) 每人的專利數；(2) 非白種英國人的人數；(3) 為同性戀提供服務的項目多寡（丁家鵬，2005）。可見雖然英國建立指標的內涵源自 Florida，但經過簡化，例如：創意階級、高科技、波西米亞、人才等指標，則未被納入。

● 歐洲

歐盟於 2000 年發展出一個用來辨識文化與創意產業的方法，主要透過：(1) 文化部門；(2) 產業部門；以及 (3) 創意部門等三項進行認定（周德禎主編，2013）。由此看來，此三項部門是比較接近我國《文化創意產業發展法》對於文化創意產業的界定。後來，Florida 與 Tinagli（2004）在《*Europe in the Creative Age*》報告中，提出了歐洲創意指數（European Creative Index），包括了三個面向九個指標：(1) 歐洲人才指數（European Talent Index）；(2) 歐洲技術指數（European Technology Index）；(3) 歐洲包容性指數（European Tolerance Index）（陳坤宏等，2016）。我們可以看出，歐洲創意指數三個面向，正好與 Florida 的 3T 完全一樣。

● **聯合國**

聯合國教科文組織於 2004 年建立「全球創意城市網絡」（Global Creative City Network），許多城市可以透過此一網絡發展在地創意文化與特色。網絡一項重要特色是要提升城市之創意型中小企業的創業精神，因此，許多城市的藝術、設計、音樂、流行、文學、美食、手工藝、民間藝術等，受到很大的鼓舞，並且都有亮眼的表現成果，目前全球已有 30 多個城市成為網絡的成員。由此可見，聯合國是非常重視創意產業的創業精神。我認為，聯合國所說的創業精神可以包括創業前的創意設計以及創業後的產品通路與行銷策略，也就是說，它已涵蓋了所謂「行銷 4Ps」中的產品設計（Product）、通路（Place）以及行銷策略（Promotion）三項策略了。

● **臺灣**

在臺灣，雖然政府並未建立一套創意城市指標，但是，從行政院文化部於 2010 年公告實施的《文化創意產業發展法》中，隱約可以看出建立創意城市指標的目標與準則。以下即列舉該法提及的相關條文與規定。

《文化創意產業發展法》：

第 1 條　　為促進文化創意產業之發展，建構具有豐富文化及創意內涵之社會環境，運用科技與創新研發，健全文化創意產業人才培育，並積極開發國內外市場，特制定本法。

第 2 條　　政府為推動文化創意產業，應加強藝術創作及文化保存、文化與科技結合，注重城鄉及區域均衡發展，並重視地方特色，提升國民文化素養及促進文化藝術普及，以符合國際潮流。

第 3 條　　本法所稱文化創意產業，指源自創意或文化積累，透過智慧財產之形成及運用，具有創造財富與就業機會之潛力，並促進全民美學素養，使國民生活環境提升

之下列產業。

第 11 條　為培育文化創意事業人才，政府應充分開發、運用文化創意人力資源，整合各種教學與研究資源，鼓勵文化創意產業進行產官學合作研究及人才培訓。

第 20 條　中央目的事業主管機關為鼓勵文化創意事業建立自有品牌，並積極開拓國際市場，得協調各駐外機構，協助文化創意事業塑造國際品牌形象，參加知名國際展演、競賽、博覽會、文化藝術節慶等活動，並提供相關國際市場拓展及推廣銷售之協助。

《文化創意產業發展法施行細則》：

第 9 條　中央目的事業主管機關依本法第二十條規定，得積極就下列事項，協助文化創意事業塑造國際品牌形象：

1. 知名國際展演、競賽、博覽會、文化藝術節慶等活動之參加。

2. 相關國際市場之拓展。

3. 人才、技術之國際交流；國際共同開發、研究及製作之參與。

　　綜合上述《文化創意產業發展法》與《文化創意產業發展法施行細則》若干條文，大致上，我們可以明白在臺灣有關文化創意產業的定義、分類、政府的文化政策方向、推動的主軸與重點，以及建立政府與民間之間合作關係的規範等內容，甚至，也許它們亦可作為未來文創產業園區開發方案評估時找尋準則的重要來源。經歸納結果，如下所列舉：

第一層次──目標：

1. 文化提升（cultural advancement）。

2. 創意環境（creative environment）。

3. 產業生根（industry rooting）。

第二層次──準則：

1. 提升國民文化素養及促進文化藝術普及。

2. 加強藝術創作及文化保存。

3. 重視文化與科技結合。

4. 健全文化創意產業人才培育。

5. 產官學合作研究及人才培訓。

6. 文創組織運用科技與創新研發。

7. 建構具有豐富文化及創意內涵之社會環境。

8. 具有創造財富與就業機會之潛力。

9. 積極開發國內外市場。

10. 注重城鄉及區域均衡發展。

5.4　政策評估對於未來城市文化經濟的啟示

Hutton 在其 2016 年新書《*Cities and the Cultural Economy*》第 8 章「Assessing the policy record in the cultural economy of the city」中，以「政策評估能夠告訴我們哪些未來城市文化經濟的事？」作為這一章的結論，他總結提出三點：

1. 政策與方案評估是要接受挑戰的，原因主要有三個，一是「多層次治理」（MLG）的影響，二是「益本」之範疇與規模難以評估的緣故，三是文化產業的複雜性與多元性，造成所需的文化與經濟之必要條件不同，因而呈現出不同的政策與方案形式，所以，一個文化政策往往會促進地方發展，卻有時也會帶來負面效果。

2. 文化政策往往一方面可以提升特定的文化部門或產業的發展，但另一方面，也有可能會產生負面效果。

3. 如果未來的文化經濟是所謂「企圖性、策劃性城市」（intentional

city）一個明顯表徵的一部分的話，那麼，它應該就必須包含下列五個重要元素：政策支持；社會意義；都市部門；產業、制度與勞動力；以及城市居民生活。

　　我將 Hutton 的此三點結論，當作是「政策評估對於未來城市文化經濟的啟示」，尤其是第三點未來的文化經濟必須包含的五個重要元素，我寧可把它們視為文化方案評估的五個目標甚至準則。如前所述，雖然 Hutton 在書中並未明確建立文化方案評估的架構、方法與準則，不過，他卻透過不同國家／都市的文化計畫評估案例的介紹，隱約表達對於方案評估的見解，讀者亦可從中認識到方案評估的架構、方法與準則。總之，Hutton 主張未來的文化經濟必須包含的五個重要元素，亦即我把它們視為文化方案評估的五個目標甚至準則，這一發現，對於本文爾後建立文創園區開發方案評估的架構、方法與準則，是有直接幫助的。

　　因為值得重視，我在此處重述一遍。Hutton（2016）主張未來的文化經濟，必須包含下列五個重要元素：(1) 政策支持；(2) 社會意義；(3) 都市部門；(4) 產業、制度與勞動力；以及 (5) 城市居民生活（如圖 5.2 所示）。

5.5 文化創意經濟政策方案評估的方法與架構——以臺南市六個文創園區開發方案評估優劣比序為例

➤ 前言

　　文創園區開發為當今臺灣各大都市普遍仿效採行的城市規劃手法之一，儼然成為都市再生與文化保存二者連結的有效工具。迄今，雖有若干成功案例，惟在文創園區開發的理想目標——即文化提升、創意環境、產業生根、城鄉社會公平之下，各個文創園區的開發與建設互有高下，乃成為研究的議題。因此，本研究欲藉由各位專家學者的豐富學養與實務

圖 5.2　Hutton（2016）主張未來的文化經濟五元素
資料來源：筆者自行整理。
說明：
1. 未來的文化經濟需要政府的政策支持，以及企業投入創產，將創意與創新轉化為科技創新、商業活動與文化消費，此時，創意機構與創意階級變得很重要。
2. 未來的文化經濟需要擔負起社會意義，並且能夠有效提升國民的文化水準。
3. 未來的文化經濟可能產生的「仕紳化」與「社會混合」議題，將會同時出現在都市空間中，進而影響到都市結構的變化以及居民的生活型態與感受。
4. 圖中 Cultural Economy of To-morrow，「To-morrow」的「-」是受到英國都市規劃師 Ebenezer Howard 的名著《Garden Cities of To-morrow》的啟發而產生靈感，表示前進未來。

經驗，針對臺南市現有的六個文創園區的開發方案與成效，進行優劣的評估。

➤ 臺南市六個文創園區介紹

　　六個文創園區簡介，如表 5.2，並參見附錄一照片。

表 5.2　臺南市六個文創園區簡介

名　　稱	營運年代	主管單位
臺南文化創意產業園區（B16）	2002 年	文化部
臺南創意中心—文創 PLUS	2012 年	臺南市政府文化局文創科
藍晒圖文創園區（BCP）	2016 年	臺南市政府文化局文創科
蕭壠文化園區	2005 年	臺南市政府文化局文化園區管理科
南瀛總爺藝文中心	2001 年	臺南市政府文化局文化園區管理科
十鼓仁糖文創園區	2005 年	私部門

資料來源：筆者自行整理。

➤ 研究方法

● 分析階層程序法（AHP）

多準則決策評估（MCDM）是因應複雜的決策環境而生，當今公私部門進行決策時，通常面臨不僅單一準則的影響，而是多層面的考量，卻又礙於經費與資源限制，所以，期待透過多項準則來評選出方案的權重，進而得知方案的優先性並達到理性的決策。目前各領域都有採用多準則決策評估方法進行選擇方案的案例，例如：林楨家與高誌謙（2003）、李家儂與賴宗裕（2007）、Wey 與 Wu（2008）、張羽捷（2013）等等。其中以分析階層程序法（Analytic Hierarchy Process，簡稱 AHP）與分析網絡程序法（Analytic Network Process，簡稱 ANP），最受到歡迎與廣泛使用。

本研究採用 AHP 方法，AHP 屬於階層式的目標體系，應用於解決當方案與準則為互相獨立時的問題。AHP 與 ANP 方法均為透過結構性的分析與歸納，將決策過程進行相對性的比較判斷，首先建構目標體系，將目標下的準則訂定出來；其次，透過專家學者評估其準則間之重要性程度並得到各準則之權重；最後，在 AHP 與 ANP 之準則重要性程度判別上，以了解各準則間之優先性排列（Saaty, 1996）。

　　AHP 方法係 1971 年美國匹茲堡大學 Thomas L. Saaty 教授所發展出來,主要應用在不確定情況下及具有多個評估準則的決策問題上。眾多的風險評價方法中,分析階層程序法(AHP)以其定性和定量相結合地處理各種評價因素的特點,以及系統、靈活、簡潔的優點,受到企業界與學術界的特別青睞。它的特點是將人的主觀判斷過程加以數學化、思維化,以便使決策依據易於被人接受,因此,更能適合複雜的社會科學領域的情況。由於 AHP 在理論上具有完備性,在結構上具有嚴謹性,在解決問題上具有簡潔性,尤其在解決非結構化決策問題上具有明顯的優勢,因此在各行各業得到了廣泛應用。

● 一致性檢定

1. 建立層次結構模型

　　將有關的各個因素按照不同屬性自上而下分解成若干層次,同一層的諸因素從屬於上一層的因素或對上層因素有影響,同時又支配下一層的因素或受到下層因素的作用。

2. 結構成對比較矩陣

用成對比較法與 1-9 比較尺度構成成對比較矩陣。

成對比較矩陣元素:

$$A = \begin{bmatrix} a_{ij} \end{bmatrix} = \begin{pmatrix} 1 & a12\ldots\ldots\ldots a1n \\ 1/a12 .. & 1\ldots\ldots\ldots\ldots a2n \\ 1/a1n & 1/a2n\ldots\ldots\ldots 1 \end{pmatrix}$$

3. 計算權向量並作一致性檢定

　　對於每一個成對比較矩陣進行計算最大特徵值及對應特徵向量,利用一致性指標進行檢驗。一般而言,大部分矩陣為非一致性矩陣,行向量平均值標準化法的精確度較佳,故本研究應用行向量平均值標準化法進行一致性檢驗。

(A) 行向量平均值標準化法

(B) C.I. 值

C.I. = λ － n / n － 1

C.I. 值 = 0，表示前後判斷完全一致，Satty 建議在 C.I. < 0.1 的情況下，可視為有較佳的一致性。

4. 計算組合權向量並作組合一致性檢驗

計算最下層對目標的組合權向量，並根據公式作組合一致性檢驗。

● 評估目標與準則之建立

1. 選定理由

主要考量以下因素：

(1) 我國《文化創意產業發展法》與其「施行細則」對於「文化創意產業」的定義與推展工作相關規定。

(2) 國外學者與城市對於「文化政策」與「方案評估」的理論觀點與採行措施。

(3) Thomas Hutton 主張政策評估對於未來城市文化經濟的啟示 ── 亦即文化經濟必須包含的五個重要元素。

(4) 本人建構未來文化創意城市的理論需要。

(5) 符合分析階層程序法（AHP）專家問卷調查之研究。

2. 評估目標與準則之決定

目標 A 文化提升

　　準則 A1 提升國民文化素養及促進文化藝術普及

　　準則 A2 加強藝術創作及文化保存

　　準則 A3 重視文化與科技結合

目標 B 創意環境

　　準則 B1 健全文化創意產業人才培育

　　準則 B2 文創組織運用科技與創新研發

　　準則 B3 建構具有豐富文化及創意內涵之社會環境

目標 C 產業生根

　　準則 C1 具有創造財富與就業機會之潛力

　　準則 C2 地方產業創新新技術之進入機會及參與

　　準則 C3 積極開發國內外市場

目標 D 城鄉社會公平

　　準則 D1 注重城鄉及區域均衡發展

　　準則 D2 重視地方特色

　　準則 D3 提升國民生活環境之選擇、多元性與公平性

3. 專家問卷設計

　本研究根據上述評估目標與準則之選定理由、研究目的、文獻回顧與文創園區理論，設計一套分析階層程序法（AHP）專家問卷調查表（參見附錄二），並針對產業、政府、學術界各選定二位共計 6 份樣本，進行訪問。

➤ 結果

● 文創園區開發方案評估優劣比序 AHP 分析結果

1. 一致性檢定（見表 5.3）

表 **5.3**　一致性檢定結果

問卷編號	專家姓名	一致性	專家類別	檢定結果
1	王〇〇	0.057696818	產業	通過
2	薛〇〇	0.530968658	產業	不通過
3	劉〇〇	0.228791057	政府	通過
4	黃〇〇	0.275260801	政府	通過
5	林〇〇	0.067089246	學術	通過
6	陸〇〇	2.078446433	學術	不通過

2. 專家整合分析（以 4 份通過問卷分析）（見表 5.4）

表 5.4　**AHP** 分析結果

第一層目標	第二層		第三層		
	評估面向—目標（相對權重）	排序	評估因子—準則	絕對權重	排序
文創園區開發方案評估優劣比序之研究	A 文化提升 0.2437	3	A1 提升國民文化素養及促進文化藝術普及 0.4540	0.1107	5
			A2 加強藝術創作及文化保存 0.2742	0.0668	8
			A3 重視文化與科技結合 0.2718	0.0662	9
	B 創意環境 0.3814	1	B1 健全文化創意產業人才培育 0.3812	0.1454	1
			B2 文創組織運用科技與創新研發 0.3338	0.1273	2
			B3 建構具有豐富文化及創意內涵之社會環境 0.2851	0.1087	6
	C 產業生根 0.3090	2	C1 具有創造財富與就業機會之潛力 0.3808	0.1177	4
			C2 地方產業創新新技術之進入機會及參與 0.2279	0.0704	7
			C3 積極開發國內外市場 0.3913	0.1209	3
	D 城鄉社會公平 0.0659	4	D1 注重城鄉及區域均衡發展 0.1578	0.0104	12
			D2 重視地方特色 0.4795	0.0316	10
			D3 提升國民生活環境之選擇、多元性與公平性 0.3626	0.0239	11

➤ 討論

由表 5.4 AHP 分析結果，我們得知，在文創園區開發方案評估優劣比序結果如下：

1. 以目標層次而言，評估面向相對權重之大小，依序是：B 創意環境（0.3814）、C 產業生根（0.3090）、A 文化提升（0.2437）、D 城鄉社會公平（0.0659）。此一結果，如果從 Hutton 主張文化經濟必須包含五個重要元素：(1) 政策支持；(2) 社會意義；(3) 都市部門；(4) 產業、制度與勞動力；以及 (5) 城市居民生活，以及如前所述，我將此五個重要元素視爲文化方案評估的五個目標甚至準則來看，「創意環境」得到最高權重，說明了臺南市的文創園區開發，獲得了政策支持此一事實；除此之外，「創意」二字儼然成爲近年來最流行的用語，且普遍受到人人歡迎，具有很大的關係。「產業生根」是第二高權重，說明了臺南市的文創園區開發，本質上就應該扮演產業研發與推展的重要角色，此乃呼應了 Hutton 所說的文化經濟的第四個元素：「產業、制度與勞動力」。而「城鄉社會公平」是最低權重，似乎告訴我們一個事實：目前臺南市的文創園區開發，可能在社會意義、都市部門，以及城市居民生活等三個層面比較欠缺表現，值得爾後進一步改善與加強。

2. 以準則層次而言，評估因子絕對權重之大小，前三名依序是：B1 健全文化創意產業人才培育（0.1454）、B2 文創組織運用科技與創新研發（0.1273）、C3 積極開發國內外市場（0.1209）。第四至六名依序是：C1 具有創造財富與就業機會之潛力（0.1177）、A1 提升國民文化素養及促進文化藝術普及（0.1107）、B3 建構具有豐富文化及創意內涵之社會環境（0.1087）。而最後三名排序都是「D 城鄉社會公平」目標下的準則，分別是：D2 重視地方特色、D3 提升國民生活環境之選擇、多元性與公平性，以及 D1 注重城鄉及區域均衡發展。

值得一提的是，從以上各準則來評估臺南市的文創園區開發時，我們

將會發現一個現象，那就是：文化與商業之間的協調與衝突。在現實中，近年來臺南市的神農街、正興街正發生微妙的質變，即是明證。所以，面對文化與商業之間的困境時，Hutton（2016）在他的書中，就提出了三個解決方法的模型：(1) 社會－經濟發展模型；(2) 以社區為基礎的文化再生模型，以及 (3) 將「包容性再生」納入「創意城市」之中，並將追求「空間公平正義」（spatial justice）列為文創園區開發的第一目的，這一目的同時也是著名地理學者 Soja（2010）所特別關注的議題。Hutton 的這三個模型，正好突顯出他自己說的文化經濟的第二個元素：「社會意義」的未來性與使命感。

3. 臺南市六個文創園區開發方案評估優劣比序結果

(1) 步驟 1：準則評分

本方案評估包含四項目標，共 12 項準則（A1, A2, A3,……D1, D2, D3），都要給予評分，評分以 1-10 分為準。同時，以 10 名施測樣本進行評分，最後得到六個文創園區之 12 項準則的各別評分。邀請 10 位熟悉臺南市文創園區發展的老師，進行目標評分工作。（準則評分表，請參見附錄三。）

(2) 步驟 2：目標評分並計算平均值

目標評分係將各目標下所屬的各項準則的分數予以加總，例如目標 A = A1 + A2 + A3，目標 B、C、D，依此類推，然後再求其平均值，最後，得到五個文創園區之四項目標的各別評分（見表 5.5）。

(3) 步驟 3：臺南市六個文創園區開發方案評估優劣之結果

本步驟乃計算每一個文創園區的評估得分，係由各別目標的分數乘以相對權重，再將四項目標的得分予以加總，即可得到其最後的評估得分。例如：以臺南文化創意產業園區（B16）為例，19 分 *0.2437 + 21 分 *0.3814 + 20 分 *0.3090 + 18 分 *0.0659 = 20.0059 分，其餘文創園區，依此計算，最後即可得到六個文創園區之最後的評估得分（見表 5.5）。

表 5.5　臺南市六個文創園區開發方案評估優劣結果

名稱	A 文化提升	B 創意環境	C 產業生根	D 城鄉社會公平	評估得分	排序結果
相對權重	0.2437	0.3814	0.3090	0.0659		
臺南文化創意產業園區（B16）（2002 年）	19 分	21 分	20 分	18 分	20.0059 分	3
臺南創意中心—文創 PLUS（2012 年）	17 分	18 分	17 分	18 分	17.4473 分	6
藍晒圖文創園區（BCP）（2016 年）	18 分	18 分	19 分	19 分	18.3749 分	5
蕭壠文化園區（2005 年）	21 分	22 分	21 分	22 分	21.4473 分	1
南瀛總爺藝文中心（2001 年）	21 分	20 分	17 分	23 分	19.5144 分	4
十鼓仁糖文創園區（2005 年）	21 分	22 分	20 分	21 分	21.0724 分	2

臺南文化創意產業園區（B16）：19 分 *0.2437 + 21 分 *0.3814 + 20 分 *0.3090 + 18 分 *0.0659 = 20.0059 分

臺南創意中心—文創 PLUS　：17 分 *0.2437 + 18 分 *0.3814 + 17 分 *0.3090 + 18 分 *0.0659 = 17.4473 分

藍晒圖文創園區（BCP）　　：18 分 *0.2437 + 18 分 *0.3814 + 19 分 *0.3090 + 19 分 *0.0659 = 18.3749 分

蕭壠文化園區　　　　　　：21 分 *0.2437 + 22 分 *0.3814 + 21 分 *0.3090 + 22 分 *0.0659 = 21.4473 分

南瀛總爺藝文中心　　　　：21 分 *0.2437 + 20 分 *0.3814 + 17 分 *0.3090 + 23 分 *0.0659 = 19.5144 分

十鼓仁糖文創園區　　　　：21 分 *0.2437 + 22 分 *0.3814 + 20 分 *0.3090 + 21 分 *0.0659 = 21.0724 分

　　由表 5.5 得知，本研究結果，臺南市五個文創園區開發方案評估優劣之結果，第一名是蕭壠文化園區，第二名是十鼓仁糖文創園區，第三名是臺南文化創意產業園區（B16），而第四、五、六名則是南瀛總爺藝文中心、藍晒圖文創園區（BCP）、臺南創意中心─文創 PLUS。若以每年參觀文創園區的人次來看（民國 105 年為基準），依評估優劣名次，分別是蕭壠文化園區 16 萬人次（該年受到地震影響，人數銳減，前二年均有 28 萬人次），十鼓仁糖文創園區 40 萬人次，臺南文化創意產業園區（B16）25 萬人次，而南瀛總爺藝文中心 25 萬人次、藍晒圖文創園區（BCP）40 萬人次、臺南創意中心─文創 PLUS 是 3 萬 5 千人次，由此可見，參觀文創園區的人次是與評估優劣排序結果，大致上呈現某種程度的正相關，同時也與營運年代有關聯，營運歷史愈久，排名愈佳。

　　4. 由表 5.5 知，臺南市六個文創園區在四項目標層次上的表現，明顯看出其優劣，由於各文創園區在四項目標層次上的得分，係由所屬的各項準則的分數予以加總而得，所以，在四項目標層次上的表現，基本上也是反映了其所屬的各項準則的表現。

(1) 以目標一「文化提升」而言，高分群包括蕭壠文化園區、南瀛總爺藝文中心、十鼓仁糖文創園區，均為 21 分，而低分群則有臺南文化創意產業園區、臺南創意中心─文創 PLUS、藍晒圖文創園區，得分分別是

19、17、18 分。

(2) 以目標二「創意環境」而言，高分群包括蕭壠文化園區、十鼓仁糖文創園區、臺南文化創意產業園區、南瀛總爺藝文中心，得分分別是 22、22、21、20 分，而低分群則是臺南創意中心—文創 PLUS 與藍晒圖文創園區，均為 18 分。

(3) 以目標三「產業生根」而言，高分群包括蕭壠文化園區、十鼓仁糖文創園區、臺南文化創意產業園區，得分分別是 21、20、20 分，而低分群則是臺南創意中心—文創 PLUS、藍晒圖文創園區、南瀛總爺藝文中心，得分分別是 17、19、17 分。

(4) 以目標四「城鄉社會公平」而言，高分群包括南瀛總爺藝文中心、蕭壠文化園區、十鼓仁糖文創園區，得分分別是 23、22、21 分，而低分群則是臺南文化創意產業園區、臺南創意中心—文創 PLUS、藍晒圖文創園區，得分分別是 18、18、19 分。

5. 由表 5.5 可再得知，臺南市六個文創園區在四項目標與準則上的表現，值得肯定與需要加強之處，若以得分20分為標準，其結果如下所述：

(1) 蕭壠文化園區與十鼓仁糖文創園區，均超過 20 分，足見此二文創園區之開發營運結果，在四項目標上的表現是成功的，值得肯定。

(2) 南瀛總爺藝文中心共有三項目標超過 20 分，表現是成功的，只有「產業生根」得分 17 分，需要加強。

(3) 臺南文化創意產業園區在「創意環境」與「產業生根」二項目標上，超過 20 分，但是在「文化提升」與「城鄉社會公平」二項目標上，則低於 20 分，表現平平。

(4) 藍晒圖文創園區與臺南創意中心—文創 PLUS 此二文創園區，在四項目標上均低於 20 分，表現是不成功的，極需要加強。

6. 再由表 5.6 可得知，既然臺南市六個文創園區政策目標與營運定位早已設定，各文創園區在四項目標與準則上的表現，是否已達成其政策目標與營運定位，讀者則可窺見一斑。

表 5.6　臺南市六個文創園區政策目標與營運定位一覽表

文創園區名稱	政策目標與營運定位
臺南文化創意產業園區（B16）（2002 年）	・南部地區文化創意產業整合發展平臺，協助發掘具潛力之創意生活產業，進而發展創新的生活風格文化。 ・樹立臺灣文創產業發展典範模式，以成為臺灣創意生活產業國際化發源地為願景。 ・以文創產業軸帶概念，進行區域產業串連，進而達到文化創意產業與所在城市整體區位發展、人才及產值全面提升之卓越績效。
臺南創意中心－文創 PLUS（2012 年）	・成為創意與設計媒合、文化資源整合的核心區域、文創交流空間、藝文展覽以及諮詢顧問窗口的全方位平臺。
藍晒圖文創園區（BCP）（2016年）	・為臺南城市行銷與文創發展立下新里程碑，並開創聚落型老屋活化的新典範。 ・特別關注新進品牌並配合節慶行銷園區的想法，以及推行第二官方語的配合措施。
蕭壠文化園區（2005 年）	・國際藝術村。 ・改造蕭壠十四倉各自展現出不同的內部空間設計與應用，讓糖廠以藝文基地的嶄新面貌重回人們的生活中。
南瀛總爺藝文中心（2001 年）	・國際藝術村。 ・使歷史古蹟不再只是單純的展示空間，而是真正活絡在地文化與國際藝術交流的匯集之處。 ・以工藝類為主，結合特展、工坊、地方文化館、國際藝術村與豐富的綠帶資源，兼具發展工藝美學、觀光休閒與教育的功能，也致力串連臺南的藝文學術資源與社區活動、擴展網絡與多元文化交流，形成一個流動的場域。

文創園區名稱	政策目標與營運定位
十鼓仁糖文創園區（2005 年）	・國際藝術村。 ・以活化閒置空間的概念，在精心規劃下，將閒置多年已有近百年歷史的仁德車路墘糖廠賦予新的風貌，讓糖廠風華重現，並融入十鼓獨創的臺灣特色鼓樂，是亞洲第一座鼓樂主題的國際藝術村。 ・充滿想像空間的歡樂氛圍，提供遊憩、約會、體驗刺激。

資料來源：筆者參考文化園區官方網站，自行整理。

➤ 結論與建議

主要有五點結論與一項建議：

1.「文化政策」與「方案評估」是一體的兩面，關係極為密切。文化政策提供了方案評估目標與準則的邏輯思維以及項目，而方案評估的結果，反過來可以檢視文化政策的優劣成敗。

2. Thomas Hutton 主張未來的文化經濟必須包含下列五個重要元素：(1) 政策支持；(2) 社會意義；(3) 都市部門；(4) 產業、制度與勞動力；以及 (5) 城市居民生活。本人將它們視為文化方案評估的五個目標甚至準則。雖然 Hutton 在他撰寫的《*Cities and Cultural Economy*》一書中，並未明確建立文化方案評估的架構、方法與準則，不過，他卻透過不同國家／都市的文化計畫評估案例的介紹，隱約表達對於方案評估的見解。

3. 本研究發現，臺南市文創園區開發方案評估優劣比序之結果，以目標層次而言，評估面向相對權重之大小，依序是：創意環境、產業生根、文化提升、城鄉社會公平。以準則層次而言，評估因子絕對權重之大小，前三名依序是：健全文化創意產業人才培育、文創組織運用科技與創新研發、積極開發國內外市場。而最後三名排序都是「城鄉社會公平」目標下

的準則，分別是：重視地方特色、提升國民生活環境之選擇、多元性與公平性，以及注重城鄉及區域均衡發展。

4. 本研究發現，臺南市六個文創園區開發方案評估優劣之結果，第一名是蕭壠文化園區，第二名是十鼓仁糖文創園區，第三名是臺南文化創意產業園區（B16），而第四、五、六名則是南瀛總爺藝文中心、藍晒圖文創園區（BCP）、臺南創意中心－文創 PLUS。結論是：參觀文創園區的人次是與評估優劣排序結果，大致上呈現某種程度的正相關，同時也與營運年代有關聯，營運歷史愈久，排名愈佳。

5. 基於「城市」、「文化經濟」與「創意城市」之間密切關聯的理論基礎，並且仿效新加坡在創意經濟中強調「文化消費」以建立市民認同感，我試圖為臺灣的城市建構一個「文化創意城市模型」，並以臺南市為例（詳見陳坤宏，2012，都市－空間結構，P.276，圖 7-11）。本人建構此一模型，理論目的主要有二：第一，實踐 Thomas Hutton 的「文化經濟理論」——它必須包含五個重要元素：(1) 政策支持；(2) 社會意義；(3) 都市部門；(4) 產業、制度與勞動力；以及 (5) 城市居民生活。第二，期待能夠讓臺南市「文化古都」成功地邁向「文化創意城市」新紀元，進而成為聯合國「全球創意城市網絡」的成員，發展臺南在地創意文化與城市認同。

6. 本人提出一項建議，提供爾後研究時納入參考。即：本方案評估包含四項目標，共 12 項準則（A1, A2, A3,……D1, D2, D3），都要給予評分，評分以 1-10 分為準。以 10 名施測樣本進行評分，最後得到六個文創園區之 12 項準則的各別評分。但是，事實上，我們都知道，每一個文化創意園區不只設立營運時間不同，它們的營運目標也是不同的，因此，為了讓施測樣本能夠在公平的基礎上進行評分，建議未來研究者應該事先提供完整的文化創意園區的營運目標與計畫預期成果供參閱後，然後再進行12 項準則的評分，如此方屬周延與公平。

5.6　小結

　　文創園區開發爲當今臺灣各大都市普遍仿效採行的城市規劃手法之一，儼然成爲都市再生與文化保存二者連結的有效工具。迄今，雖有若干成功案例，惟針對臺灣的文化創意產業園區，其開發方案優劣比序之研究較爲闕如，此一缺失，經過這本章在文化創意經濟與政策方案評估相關觀念與方法的文獻回顧後，才發現文創園區開發方案與成效優劣評估，普遍欠缺評估架構、目標與方法，因此，本章乃決定彌補此一學術上的缺失，而且也做到了。經驗研究上，係以臺南市現有的六個文創園區的開發方案與成效進行優劣的評估，在擬定文創園區開發的四項理想目標——即文化提升、創意環境、產業生根、城鄉社會公平之下，提出 12 項準則，建立起評估架構，並採用分析階層程序法（Analytic Hierarchy Process，簡稱 AHP）進行研究，最後得到排序結果，期待對於爾後的學術研究與實務工作有所貢獻。

　　撰寫完此章，雖說對於國內建立文創園區開發方案與成效優劣評估架構有所貢獻，但本人覺得，基於學術研究的需要，還可以在以下二點上有更進一步探討的可能性：

　　1. 本人在本章一開頭即主張：論及文化創意經濟政策方案的評估時，所謂 (1) 科技；(2) 創意；與 (3) 文藝三者，本人稱之爲「文創經濟鐵三角」，乃成爲評估架構中不可或缺的目標甚至準則。由此推論，如果讀者同意此一主張，而且認同這是很重要的觀念，爾後不妨將：(1) 科技；(2) 創意；與 (3) 文藝三個關鍵元素，納入文創園區開發方案與成效優劣評估之架構、目標與準則之中，或許得到的結果會有不同，甚至更加精彩。

　　2. 嘗試採用分析網絡程序法（Analytic Network Process，簡稱 ANP），進行臺南市現有的六個文創園區的開發方案與成效之優劣評

估。分析網絡程序法（ANP）也是美國匹茲堡大學的 T.L. Saaty 教授於 1996 年提出的一種適應非獨立的遞階層次結構的決策方法，它是在分析階層程序法（AHP）的基礎上，發展出來的一種新的實用決策方法。ANP 方法並不像 AHP 方法有嚴格的階層關係，各決策階層或相同階層之間都存在著相互作用。基於此一特點，ANP 愈來愈受到決策者的喜愛，成為企業在對許多複雜問題進行決策的有效工具。

參考文獻

中文部分

丁家鵬（2005）。**臺灣地方城市創意競爭力之比較研究**，國立政治大學企業管理研究所碩士論文。臺北：國立政治大學。

臺南市政府都發局（2017）。**變更臺南市東區都市計畫（配合臺南市榮譽國民之家遷建）案委託計畫案**。臺南：臺南市政府。

李允傑、丘昌泰（2003）。**政策執行與評估**。臺北：元照。

李家儂、賴宗裕（2007）。臺北都會區大眾運輸導向發展目標體系與策略之建構，**地理學報**，**48**：19-42。

林楨家、高誌謙（2003）。用於捷運車站周邊地區容積管制檢討之 TOD 規劃模式，**運輸計劃季刊**，**32**(3)：581-600。

周德禎主編（2013）。**文化創意產業：理論與實務**。臺北：五南。

陳坤宏（2012）。**都市─空間結構**。高雄：麗文。

陳坤宏（2013）。**城鄉關係理論與教育**。高雄：麗文。

陳坤宏、林育諄、陳建元、涂函君、周士雄、吳秉聲、陳瀅世、蘇淑娟（2016）。**都市理論新思維──勞動分工、創意經濟與都會空間**。臺北：巨流。

張羽捷（2013）。**考量永續運輸原則下之 TOD 車站方案評選與建成環境設計研究──以新北市捷運安坑線為例**，國立臺北大學不動產與城鄉環境學系碩士論文。臺北：國立臺北大學。

楊敏芝（2009）。**創意空間：文化創意產業園區的理論與實踐**。臺北：五南。

董維琇（2010）。藝術的社會衝擊：本土 VS. 國際經驗的觀察與探討。臺南：泰成。

劉俊裕（2013）。全球都市文化治理與文化策略：藝文節慶、賽事活動與都市文化形象。臺北：巨流。

英文部分

Chua, B.-H. (2004). *Cultural industry and the next phase of economic development of Singapore*. Workshop on Port Cities and City-states in Asia and Europe, Asia-Africa Institute, University of Hamburg, Germany, 4-7 December.

Duelund, P. (ed.) (2003). *The Nordic cultural model*. Copenhagen: Nordic Cultural Institute.

Duelund, P. (2008). Nordic cultural policies: A critical view. *International Journal of Cultural Policy*, *14*(1): 7-24.

Florida, R. (2002). *The Rise of the Creative Class: and how it is transforming work, leisure, community and everyday life*. New York: Basic Books.

Florida, R. and Tinagli (2004). *Europe in the Creative Age*. Carnegie Mellon Software Industry Center and co-published in Europe with Demos.

Frost-Kumpf, H. A. (2001). *Cultural Districts: Arts Management and Urban Development*. Unpublished paper.

Grodach, C. & Loukaitou-Sideris, A. (2007). Cultural Development Strategies and Urban Revitalization: a survey of U.S. cities. *International Journal of Cultural Policy*, *13*(4): 349-369.

Hesmondhalgh, D. (2002). *The Cultural Industries*. London: Sage.

Hesmondhalgh, D. & Pratt, A. C. (2005). Cultural Industries and Cultural Policy. *International Journal of Cultural Policy*, *11*(1): 1-13.

Hutton, T. A. (2016). *Cities and the Cultural Economy*. London and New York: Routledge.

Matarasso, F. (1997). *Use or Ornament? The Social Impact of Participation in the Arts*. Comedia.

Matarasso, F. & Landry, C. (1999). *Balancing Act: Twenty-One Strategic Dilemmas in Cultural Policy*. Strasbourg: Council of Europe Publishing.

Pratt, A. C. (2005). Cultural Industries and Public Policy: An oxymoron? *International Journal of Cultural Policy*, *11*(1): 31-44.

Saaty, T. L. (1996). *Decision Making with Dependence and Feedback: The Analytic Network Process*. RWS.

Santagata, W. (2002). Cultural districts, property rights and sustainable economic growth. *International Journal of Urban and Regional Research*, *26*(1): 9-23.

Soja, E. (2010). *Seeking Spatial Justice*. Minneapolis, MN: University of Minnesota Press.

Yue, A. (2003). Paging 'New Asia': Sambal is a feedback loop, coconut is a code, rice is a system. In C. Berry, F. Martin and A. Yue, *Mobile Cultures: New Media in Queer Asia* (eds). Duke University Press, Durham, NC, pp. 245-265.

Yue, A. (2006). The Regional Culture of New Asia: Cultural governance and creative industries in Singapore. *International Journal of Cultural Policy*, *12*(1): 17-33.

Wey, W. M. & Wu, K. Y. (2008). Interdependent Urban Renewal Project Selection under The Consideration of Resource Constraints. *Environment and Planning B: Planning and Design*, *35*(1): 122-147.

附錄一　臺南市六個文創園區照片

由筆者拍攝，時間：2017年

臺南市六個文創園區

名稱	營運年代	主管單位
臺南文化創意產業園區（B16）	2002 年	文化部
臺南創意中心－文創 PLUS	2012 年	臺南市政府文化局文創科
藍晒圖文創園區（BCP）	2016 年	臺南市政府文化局文創科
蕭壠文化園區	2005 年	臺南市政府文化局文化園區管理科
南瀛總爺藝文中心	2001 年	臺南市政府文化局文化園區管理科
十鼓仁糖文創園區	2005 年	私部門

● **臺南文化創意產業園區**

● **臺南創意中心－文創 PLUS**

● 藍晒圖文創園區

- 蕭壠文化園區

- 南瀛總爺藝文中心

● 十鼓仁糖文創園區

附錄二 分析階層程序法 (AHP) 專家問卷調查表

➤ 文創園區開發方案評估優劣比序之研究——以臺南市爲例

親愛的專家學者：

　　本問卷為國立臺南大學文資系陳坤宏教授「文創園區開發方案評估優劣比序之研究——以臺南市為例」的德爾菲專家問卷，主要目的在於針對臺南市現有的六個文創園區的開發方案與成效，進行優劣的評估。

　　文創園區開發為當今臺灣各大都市普遍仿效採行的城市規劃手法之一，儼然成為都市再生與文化保存二者連結的有效工具，迄今，成功案例不在少數。惟在文創園區開發的理想目標——即文化提升、創意環境、產業生根、城鄉社會公平之下，各個文創園區的開發與建設互有高下，乃成為研究的議題。因此，本研究欲藉由各位專家學者的豐富學養與實務經驗，針對臺南市現有的六個文創園區的開發方案與成效，進行優劣的評估。

敬祝　教祺政安

國立臺南大學文資系　陳坤宏　教授

E-mail: hung@mail.nutn.edu.tw

Tel: (06)2133111 ext 753

2017 年 8 月

※ 填表人資料：

　姓名：＿＿＿＿＿＿＿＿＿＿＿＿＿＿＿＿

　服務單位：＿＿＿＿＿＿＿＿＿＿＿＿＿＿

　E-mail：＿＿＿＿＿＿＿＿＿＿＿＿＿＿＿

　填表日期：＿＿＿＿年＿＿＿＿月＿＿＿日

● **第 1 部分 目標之間重要性程度兩兩比較**

目標：

A. 文化提升

B. 創意環境

C. 產業生根

D. 城鄉社會公平

※ 請您判別目標之重要性程度後，於表中之空格內打勾（✓）。

評估目標 \ 強度	絕弱 1/9	1/8	極弱 1/7	1/6	頗弱 1/5	1/4	稍弱 1/3	1/2	相等 1	2	稍強 3	4	頗強 5	6	極強 7	8	絕強 9	相比較之評估目標
A																		B
A																		C
A																		D
B																		C
B																		D
C																		D

● **第 2 部分 準則之間重要性程度兩兩比較（AHP）**

※ 請您判別準則之重要性程度後，於表中之空格內打勾（✓）。

A. 文化提升

A1 提升國民文化素養及促進文化藝術普及

A2 加強藝術創作及文化保存

A3 重視文化與科技結合

強度 評估目標	絕弱 1/9	1/8	極弱 1/7	1/6	頗弱 1/5	1/4	稍弱 1/3	1/2	相等 1	2	稍強 3	4	頗強 5	6	極強 7	8	絕強 9	相比較之評估目標
A1																		A2
A1																		A3
A2																		A3

B. 創意環境

B1 健全文化創意產業人才培育

B2 文創組織運用科技與創新研發

B3 建構具有豐富文化及創意內涵之社會環境

強度 評估目標	絕弱 1/9	1/8	極弱 1/7	1/6	頗弱 1/5	1/4	稍弱 1/3	1/2	相等 1	2	稍強 3	4	頗強 5	6	極強 7	8	絕強 9	相比較之評估目標
B1																		B2
B1																		B3
B2																		B3

C. 產業生根

C1 具有創造財富與就業機會之潛力

C2 地方產業創新新技術之進入機會及參與

C3 積極開發國內外市場

評估目標＼強度	絕弱 1/9	1/8	極弱 1/7	1/6	頗弱 1/5	1/4	稍弱 1/3	1/2	相等 1	2	稍強 3	4	頗強 5	6	極強 7	8	絕強 9	相比較之評估目標
C1																		C2
C1																		C3
C2																		C3

D. 城鄉社會公平

D1 注重城鄉及區域均衡發展

D2 重視地方特色

D3 提升國民生活環境之選擇、多元性與公平性

評估目標＼強度	絕弱 1/9	1/8	極弱 1/7	1/6	頗弱 1/5	1/4	稍弱 1/3	1/2	相等 1	2	稍強 3	4	頗強 5	6	極強 7	8	絕強 9	相比較之評估目標
D1																		D2
D1																		D3
D2																		D3

附錄三　準則評分表

➤ 臺南市六個文創園區開發方案評估 —— 準則評分

　* 評分以 1-10 分為準

名稱	文化提升	評分	創意環境	評分	產業生根	評分	城鄉社會公平	評分
臺南文化創意產業園區（B16）（2002 年）	A1 提升國民文化素養及促進文化藝術普及 A2 加強藝術創作及文化保存 A3 重視文化與科技結合		B1 健全文化創意產業人才培育 B2 文創組織運用科技與創新研發 B3 建構具有豐富文化及創意內涵之社會環境		C1 具有創造財富與就業機會之潛力 C2 地方產業創新新技術之進入機會及參與 C3 積極開發國內外市場		D1 注重城鄉及區域均衡發展 D2 重視地方特色 D3 提升國民生活環境之選擇、多元性與公平性	
臺南創意中心—文創 PLUS（2012 年）	A1 A2 A3		B1 B2 B3		C1 C2 C3		D1 D2 D3	
藍晒圖文創園區（BCP）（2016 年）	A1 A2 A3		B1 B2 B3		C1 C2 C3		D1 D2 D3	
蕭壠文化園區（2005 年）	A1 A2 A3		B1 B2 B3		C1 C2 C3		D1 D2 D3	

名稱	文化提升	評分	創意環境	評分	產業生根	評分	城鄉社會公平	評分
十鼓仁糖文創園區（2005 年）	A1		B1		C1		D1	
	A2		B2		C2		D2	
	A3		B3		C3		D3	
南瀛總爺藝文中心（2001 年）	A1		B1		C1		D1	
	A2		B2		C2		D2	
	A3		B3		C3		D3	

➤ 致謝

感謝產業、政府、學術界共計 6 位專家學者，接受本研究之分析階層程序法（AHP）專家問卷調查的訪問，以及 10 位熟悉臺南市文創園區發展的大專院校教師進行目標與準則之評分工作，謹表達謝意。同時，國立成功大學都市計劃學系張學聖主任協助處理 AHP 計算作業，也一併致謝。

索　引

國家圖書館出版品預行編目資料

創意文化空間‧商品／陳坤宏等著. －－初
版. －－臺北市：五南，2019.01
　　面；　公分
　ISBN 978-957-763-155-8（平裝）
　1.文化產業　2.創意
541.29　　　　　　　　　107019541

1ZFR

創意文化空間 ● 商品

作　　　者 ―	陳坤宏(269.8)、林思玲、董維琇、陳璽任
發 行 人 ―	楊榮川
總 經 理 ―	楊士清
副總編輯 ―	陳念祖
責任編輯 ―	李敏華
封面設計 ―	姚孝慈
出 版 者 ―	五南圖書出版股份有限公司
地　　　址：	106台北市大安區和平東路二段339號4樓
電　　　話：	(02)2705-5066　　傳　　真：(02)2706-6100
網　　　址：	http://www.wunan.com.tw
電子郵件：	wunan@wunan.com.tw
劃撥帳號：	01068953
戶　　　名：	五南圖書出版股份有限公司
法律顧問	林勝安律師事務所　林勝安律師
出版日期	2019年 1 月初版一刷
定　　　價	新臺幣260元